SUN TZU

# EL ARTE DE LA GUERRA

astria

**EL ARTE DE LA GUERRA**
SUN TZU

©Colección Erandique
Supervisión Editorial: Óscar Flores López
Diseño de portada: Andrea Rodríguez—Mariana Turcios
Administración: Tesla Rodas—Jessica Cordero
Director Ejecutivo: José Azcona Bocock
Primera Edición
Tegucigalpa,
Honduras—Agosto 2025

# CAPÍTULO I: ESTIMACIONES, RECONOCIMIENTO, PLANES, APRECIACIÓN DE LA SITUACIÓN CÁLCULOS PRELIMINARES

## Sun Tzu dijo:

1. La guerra es asunto de importancia vital para el Estado; la provincia de la vida o de la muerte; el camino a la supervivencia o a la ruina.1 Es forzoso estudiarla a fondo.

Li Ch'üan: "Las armas son herramientas de mal agüero". La guerra es un asunto grave; causa aprensión ver embarcarse en ella a los hombres sin la debida reflexión.

2. Por lo tanto, júzgala en función de los cinco factores esenciales y haz comparaciones con los siete elementos que más adelante se nombran.2 Así podrás determinar sus fundamentos.

3. El primero de esos factores es la influencia moral; el segundo, el tiempo; el tercero, el terreno; el cuarto, el mando y el quinto, la doctrina.

Chang Yü: "El orden sistemático es perfectamente claro. Cuando se reclutan tropas para castigar a los transgresores, el consejo del templo debe considerar primero si la benevolencia de los gobernantes y la confianza de sus pueblos se corresponden; seguidamente, la oportunidad, por su naturaleza, de la estación del año; y por último, las dificultades de la topografía. Después de un examen completo de estos tres puntos, se designa a un general para que lance el ataque.4 Cuando las tropas han cruzado la frontera, la responsabilidad por el cumplimiento de las leyes y órdenes incumbe al general".

4. Por influencia moral entiendo lo que hace que el pueblo esté en armonía con sus dirigentes, al punto de acompañarlos en la vida y en la muerte, sin temor de peligro mortal.

Chang Yü: Cuando se trata al pueblo con benevolencia, justicia y rectitud, y se deposita confianza en él, el ejército estará unido en espíritu y todos se sentirán felices de servir a sus dirigentes. El Libro de los cambios dice:

"En la felicidad de vencer las dificultades, el pueblo olvida el peligro de muerte".

5. Por tiempo, entiendo la interacción de las fuerzas naturales, los efectos del frío del invierno y del calor del verano y la conducción de las operaciones militares, de conformidad con las estaciones.

6. Por terreno entiendo distancia, si el suelo es transitable con facilidad o dificultad, si es abierto o limitado, y las perspectivas de vida o muerte.

Mei Yao-ch'en dijo: "Cuando se emplean tropas es esencial conocer de antemano las condiciones del terreno. Conociendo las distancias, se puede aplicar un plan indirecto o directo. Si se conoce el grado de facilidad o dificultad que presenta la travesía del terreno, se pueden calcular las ventajas de usar la infantería o la caballería. Si se sabe dónde el terreno está cerrado y dónde abierto, puede calcularse la magnitud de la fuerza adecuada. Si se conoce el lugar donde se librará batalla, se sabe cuándo concentrar o dividir las tropas".

7. Por mando, entiendo las condiciones de sensatez, sinceridad, humanidad, coraje y rigor del general.

Li Ch'üan:"Éstas son las cinco virtudes del general. Por eso el ejército le dice *El Respetado*".

Tu Mu dijo: "Si es sensato, un comandante es capaz de reconocer las circunstancias cambiantes y actuar adecuadamente. Si es sincero, sus hombres no tendrán dudas sobre la seguridad de recompensas y castigos. Si es humano, ama a la humanidad, simpatiza con los demás y aprecia su laboriosidad y sus afanes. Si es valiente, obtendrá la victoria aprovechando las oportunidades sin vacilaciones. Si es estricto, sus tropas son disciplinadas porque lo reverencian y temen los castigos".

Shen Pao-hsu dijo: "Si un general no es valiente, será incapaz de vencer dificultades o de trazar grandes planes".

8. Por doctrina entiendo organización, control, asignación de grados justos a los oficiales, regulación de abastecimientos de ruta y suministro de los principales artículos que utiliza el ejército.

9. No hay general que no haya oído hablar de esas cinco cuestiones. Los que las dominan ganan; los que no, son vencidos.

10. Por lo tanto, al trazar planes, compara los siguientes elementos, juzgándolos con el máximo cuidado.

11. Si me dices qué gobernante posee influencia moral, qué comandante es más capaz, qué ejército saca ventajas de la naturaleza y del terreno, qué reglamentos e instrucciones les permiten desempeñarse mejor; qué tropas son las más fuertes.

Chang Yü: Carros fuertes, caballos veloces, tropas valientes, afiladas armas; así, cuando oyen que el tambor da la señal de ataque, se alegran, y cuando oyen el gong que anuncia la retirada, se enfurecen. El que es así, es fuerte.

12. Respecto a los oficiales y hombres mejor entrenados… Tu Yu dijo: "Por eso el maestro Wang dijo: 'Si los oficiales no están acostumbrados a una ejercitación rigurosa, se sentirán angustiados y vacilarán en el combate; si los generales no están perfectamente adiestrados, íntimamente se acobardarán cuando se enfrenten al enemigo'".

13. Y cuál administra recompensas y castigos con mayor justicia. Tu Mu dijo: "Ni unas ni otros deben ser excesivos".

14. …Podré vaticinar cuál será el bando victorioso y cuál el vencido.

15. El general que siga mi estrategia, es seguro que vencerá. ¡Consérvalo! Cuando se emplea a alguien que se niega a aplicar mi estrategia es seguro que será derrotado. ¡Destitúyelo!

16. Habiendo tenido en cuenta las ventajas de mis planes, el general debe crear situaciones que contribuyan a su consumación. Por "situaciones" entiendo que debe actuar convenientemente, de acuerdo con lo que es ventajoso, y controlar así el equilibrio.

17. Todo el arte de la guerra está basado en la impostura.

18. Por lo tanto, si eres capaz, finge incapacidad; si activo, inactividad.

19. Cuando estés cerca, aparenta que estás lejos; cuando estés lejos, que estás cerca.

20. Ofrece cebos al enemigo para atraerlo; finge desorden y golpéalo.

Tu Mu dijo: "El general Li Mu, de Chao, soltó los rebaños con sus pastores; cuando Hsiung Nu había avanzado una corta distancia, fingió una retirada, dejando tras de sí algunos miles de hombres como si los abandonara. Cuando el Khan oyó esas nuevas, se complació, y a la cabeza de un poderoso ejército marchó hacia el lugar. Li Mu puso a la mayor parte de sus efectivos en formación, en las alas izquierda y derecha; atacó en media luna, aplastó a los de Hun y mató a más de cien mil jinetes".

21. Cuando él se concentra, prepárate; donde es fuerte, evítalo.

22. Provoca a su general y confúndelo.

Li Ch'uan dijo: "Si el general es colérico, es fácil conmover su autoridad. Su carácter no es firme".

Chang Yü dijo: "Si el general enemigo es obstinado y propenso a la cólera, insúltalo y enfurécelo, de modo que se irrite y confunda, y sin ningún plan avanzará atolondradamente contra ti".

23. Aparenta inferioridad y alienta su arrogancia.

Tu Mu dijo: "Hacia el fin de la dinastía Ch'in, Mo Tun, de la tribu Hsiung Nu, se afirmó primero en el poder y concedió concesiones a Los Hu, que eran los vecinos más fuertes del este. Los Hu dijeron: "Deseamos tener el caballo más valioso del país. Mo Tun consultó a sus consejeros; algunos de ellos exclamaron: "¡El caballo de las mil li[1]! ¡El objeto más precioso de este país! ¡No se lo des!". Mo Tun respondió: "¿Por qué mezquinar un caballo a un vecino?". Y les envió el caballo.

Poco después, los Hu del este enviaron delegados que dijeron: "Deseamos una de las princesas Khan". Mo Tun pidió consejo a sus ministros; algunos dijeron, coléricos: "¡Los Hu orientales son perversos! ¡Ahora piden una princesa! ¡Te imploramos que los ataques!". Mo Tun dijo: "¿Cómo se puede mezquinar al vecino una muchacha?". Y les dio la mujer. Y ordenó decapitar a los que se habían opuesto

Poco después, los Hu del este volvieron y dijeron: "Tenéis mucha tierras que no utilizáis y las queremos". Mo Tun consultó a sus

---

[1] Li es una antigua unidad de medida de distancia utilizada en China. Su uso era común en la época en que se escribió El arte de la guerra (siglo V a.C.), y aparece frecuentemente en textos clásicos para indicar distancias estratégicas en el campo de batalla. Equivalencia aproximada. Tradicionalmente, 1 li = 500 metros. Algunos estudiosos lo redondean a 0.5 kilómetros. Por lo tanto, 1,000 li equivaldrían aproximadamente a 500 kilómetros.

asesores. Algunos dijeron que era razonable ceder esas tierras, otros que no. Mo Tun se enfadó y dijo: "La tierra es el fundamento del Estado. ¿Cómo se puede darla?". Y todos los que habían aconsejado cederla fueron decapitados.

Mo Tun saltó a su caballo, ordenó que todos los que se quedaran atrás fueran decapitados y lanzó un ataque sorpresivo contra los Hu del este. Los Hu del este despreciaban a Mo Tun y no estaban preparados. Cuando Mo Tun los atacó, fueron aniquilados. Después se dirigió al oeste y atacó a Yueh Ti. En el sur, anexó Lou Fan... e invadió Yen. Reconquistó íntegramente las antiguas tierras de los Hsiung Un, que había conquistado el general Meng T'ien de Ch'in.

Ch'en Hao dijo: "Dad al enemigo mancebos y mujeres que lo enamoren y jades y sedas que exciten sus ambiciones".

24. Finge inferioridad y estimula su arrogancia.

Li Ch'üan dijo: "Cuando el enemigo está descansado, fatígalo.

Tu Mu: ... Hacia el final de la última dinastía Han, después de que Ts'ao Ts'ao hubiera derrotado a Lui Pei, Pei huyó en busca de Yuan Shao, quien entonces encaminó sus tropas a un encuentro con las de Ts'ao Ts'ao. T'ien Fang, un oficial del estado mayor de Yuan Shao, le dijo: "Ts'ao Ts'ao es experto en el empleo de tropas; no podemos ir contra él como incautos. Nada mejor que demorar las cosas y mantenerlo a distancia. Tú, general, debieras establecer fortificaciones a lo largo de los ríos y montañas y conservar las cuatro prefecturas. En lo exterior, sella alianzas con dirigentes poderosos; en lo interno, aplica una política agro-militar.13 Luego, selecciona tropas de choque y forma con ellas unidades especiales. Aprovechando los puntos donde él no esté preparado, efectúa rápidas salidas y turba la región al sur del río. Cuando acuda a ayudar a la derecha, ataca su izquierda; cuando corra en apoyo de la izquierda, ataca la derecha; agótalo, obligándolo a ir y venir continuamente... Pero si rechazas esta victoriosa estrategia y decides en cambio arriesgarlo todo en una batalla, será demasiado tarde para lamentarlo".

Yuan Shao no siguió el consejo de su asesor y por lo tanto fue vencido.

25. Divide al enemigo que esté unido.

Chang Yü dijo: "Algunas veces, introduce una cuña entre el soberano y sus ministros; en otras ocasiones, separa a sus aliados de él. Despierta mutuas sospechas para que se aparten. Entonces podrás conspirar contra ellos.

26. Ataca cuando no esté preparado; avanza resueltamente cuando no te espere.

Ho Yen-hsi dijo: "Li Ching, de la dinastía de los T'ang, propuso diez planes contra Hsiao Hsieh y le fue confiada toda la responsabilidad de comandar el ejército. En el octavo mes, reunió sus fuerzas en K'uei Chou.

Como era otoño y las aguas del Yangtsé se habían salido de madre y los caminos de las tres gargantas eran peligrosos, Hsiao Hsieh dio por sentado que Li Ching no avanzaría contra él. Por lo tanto, no hizo preparativos.

En el noveno mes, Li Ching asumió el mando de las tropas y les habló así: "Lo más importante en la guerra es la velocidad extraordinaria; no podemos permitirnos perder las oportunidades. Estamos ahora concentrados y Hsiao Hsieh no lo sabe aún. Si aprovechamos el hecho de que el río se ha salido de madre, podremos aparecer inesperadamente al pie de las murallas de su capital. Porque dicen: ´Cuando llega el trueno, no hay tiempo de taparse los oídos´. Y aunque nos descubriese, no podría idear en el momento un plan para contraatacarnos y seguramente lo capturaremos.

Avanzó hacia I Ling y Hsiao Hsieh empezó a asustarse y a convocar refuerzos del lado del sur del río, pero no pudieron llegar a tiempo. Li Ching sitió la ciudad y Hsieh se rindió.

Acometer cuando él no te espera» significa como cuando, hacia el final, la dinastía Wei envió a los generales Chung Hui y Teng Ai a atacar a Shu…En invierno, en el décimo mes, Ai salió de Yin P'ing y marchó a través de la región deshabitada durante más de setecientos li, abriendo caminos en la montaña y construyendo puentes colgantes. Las montañas eran elevadas, los valles, profundos, y su tarea extremadamente difícil y peligrosa. Además, el ejército, a punto de quedar sin provisiones, estaba al borde de perecer. Teng Ai se envolvía en alfombras de fieltro y bajaba rodando las ríspidas laderas de las montañas; los generales y oficiales trepaban tomándose de las ramas de los árboles. Escalando los precipicios, las tropas avanzaban como cardúmenes.

Teng Ai apareció primero en Chiang Yu, en Shu, y Ma Mou, el general encargado de su defensa, se rindió. Teng Ai

decapitó a Chu-ko Chan, que resistió en Mienchu y marchó sobre Ch'eng Tu. El rey de Shu, Liu Shan, se rindió".

27. Estas son las claves estratégicas de la victoria. No deben ser divulgadas previamente.

Mei Yao-ch'en: "Cuando te enfrente el enemigo, responde a circunstancias cambiantes e inventa recursos. ¿Cómo se puede analizarlas de antemano?".

28. Ahora bien, si las estimaciones efectuadas en el templo antes de las hostilidades indican victoria, es porque los cálculos muestran que es inferior. Con muchos cálculos se puede ganar; con pocos, no. ¡Cuántas menos posibilidades de victoria tiene quien no hace ninguno! De esta manera, examino la situación y el resultado aparecerá claramente.

# CAPÍTULO II: LA DIRECCIÓN DE LA GUERRA

## Sun Tzu dijo:

1. Por lo general, para las operaciones bélicas se requieren mil carros veloces tirados por cuatro mil furgones de cuatro caballos, cubiertos de cuero y cien mil hombres con coraza.

Tu Mu dijo: "En los antiguos combates con carros, se usaban carros cubiertos de cuero, tanto ligeros como pesados. Estos últimos se utilizaban para transportar alabardas, armas, equipo militar, objetos de valor y uniformes. El Ssu-ma Fa dice: ´Un carro carga a tres oficiales con coraza; setenta y dos infantes lo acompañan. Además, se le agregan diez cocineros y servidores, cinco hombres que se ocupan de los uniformes: cinco mozos encargados del forraje y cinco hombres para juntar leña y conseguir agua. Setenta y cinco hombres para un carro ligero, veinticinco para un furgón de carga, de modo que tomando los dos juntos, cien hombres componen una compañía´".

2. Cuando las provisiones son transportadas a través de mil li, los gastos en el país y en campaña, los estipendios para mantener a los consejeros y visitantes, el costo de materiales como cola y laca y de los carros y armaduras ascenderán a mil piezas de oro diarias. Teniendo en mano ese dinero, se podrá reclutar un ejército de cien mil hombres.

Li Ch'üan dijo: "Cuando un ejército marcha al extranjero, debe dejar dinero en el territorio nacional.

Tu Mu dijo: "En el ejército existe el ritual de las visitas amistosas de señores vasallos. Por eso Sun Tzu menciona a consejeros y visitantes.

3. La victoria es el principal objetivo en la guerra. Si se la aplaza largamente, las armas se embotan y la moral baja. Cuando las tropas ataquen las ciudades, sus fuerzas estarán exhaustas.

4. Cuando el ejército se empeña en campañas prolongadas, los recursos del Estado no alcanzan.

Chang Yü dijo: "Las campañas del emperador Wu, de la época de Han, se efectuaron penosamente sin resultado alguno y cuando la tesorería se hubo agotado, dictó un decreto de duelo".

5. Cuando tus armas estén sin filo y el ardor enfriado, tus fuerzas exhaustas y el tesoro disipado, los gobernantes vecinos aprovecharán tu desgracia para actuar. Y aun cuando tengas consejeros prudentes, ninguno de ellos será capaz de trazar buenos planes para el futuro.

6. Así, si bien hemos oído de prisas desatinadas en la guerra, todavía no hemos visto una operación inteligente que fuese prolongada.

Tu Yu dijo: "Un ataque puede hacerse sin ingenio, pero debe ser lanzado con sobrenatural velocidad".

7. Porque ningún país se ha beneficiado jamás de una guerra prolongada.

Li Ch'üan dijo: "Los Anales del Período de Primavera y Otoño dicen: "La guerra es como el fuego; aquellos que no deponen las armas son consumidos por ellas".

8. Los que no son capaces de comprender los peligros inherentes al empleo de tropas, son igualmente incapaces de comprender las formas ventajosas de hacerlo.

9. Los iniciados en el arte de la guerra no necesitan una segunda leva de conscriptos, ni aprovisionarse más de una vez.

10. Llevan equipos desde el país; confían en las provisiones del enemigo. De este modo, el ejército está abundantemente provisto de alimentos.

11. El país se empobrece con las operaciones militares debido a los prolongados transportes; el acarreo de suministros desde largas distancias es causa de penuria en la población.

Chang Yü dijo: "Si el grano para el ejército ha de llegarle desde una distancia de mil li, las tropas tendrán un aspecto hambriento".

12. Cuando está presente el ejército, los precios son altos; cuando los precios suben, la riqueza del pueblo se agota. Cuando la riqueza del pueblo se agota, los campesinos sufrirán exacciones apremiantes.

Chia Lin dijo: "Cuando las tropas están reunidas, los precios de todos los productos suben porque todos se desviven por obtener beneficios extraordinarios".

13. Cuando el vigor se disipe y las riquezas se consuman, las familias de las llanuras centrales se empobrecerán totalmente y se disiparán los siete décimos de sus riquezas.

Li Ch'üan dijo: "Si la guerra se arrastra sin pausa, hombres y mujeres sufrirán porque no podrán casarse y estarán abrumados por las cargas de transporte".

14. "En cuanto a los gastos del gobierno, los provenientes de desperfectos de carros; de caballos, armaduras y yelmos, flechas y ballestas, lanzas y escudos, animales de tiro y furgones de carga estropeados, significarán el sesenta por ciento del total".

15. Por tal motivo, el general sensato trata de que sus tropas se alimenten del enemigo, porque un quintal de provisiones del enemigo equivale a veinte de las suyas; cien libras de forraje del enemigo, a dos mil de las suyas.

Chang Yü dijo: "Cuando se transportan provisiones a una distancia de mil li, se consumirán veinte quintales para que uno sea entregado al ejército… Si ha de atravesarse un terreno difícil, se necesitará aún más".

16. La razón por la cual las tropas matan al enemigo es porque están fuera de sí.

Ho Yen-hsi dijo: "Cuando el ejército de Yen rodeó a Chi Mo, en Ch'i, se cortaron las narices a todos los prisioneros de Ch'i. Los hombres de Ch'i estaban enfurecidos y se empeñaron en una defensa desesperada. T'ien Tan envió un agente secreto para que dijera: 'Estamos espantados porque vosotros, los de Yen, vais a exhumar de sus tumbas los cuerpos de nuestros antepasados. ¡Se nos helará el corazón!'".

El ejército de Yen empezó inmediatamente a violar las tumbas y a quemar los cadáveres. Los defensores de Chi Mo lo presenciaron desde las murallas de la ciudad y, derramando lágrimas, quisieron seguir adelante y dar batalla, pues la rabia había multiplicado sus fuerzas por diez. T'ien Tan supo entonces que sus tropas estaban preparadas e infligió una ruinosa derrota a los de Yen.

17. Se apoderan del botín del enemigo, porque desean riqueza.

Tu Mu dijo: "En la última época de los Han, Tu Hsiang, prefecto de Chin Chou, atacó a Pu Yang, P'an Hung y otros rebeldes de Kuei Chou. Entró en Nan Hai, destruyó tres de sus campamentos y capturó muchos tesoros. No obstante, P'ang Hung y sus secuaces seguían siendo fuertes y numerosos, mientras que las tropas de Tu Hsiang, ahora enriquecidas y arrogantes, ya no tenían el menor deseo de luchar".

Hsiang dijo: "Pu Yang y P'ang Hung han sido rebeldes durante diez años. Los dos son expertos en el ataque y la defensa. Lo que en verdad debemos hacer es reunir las fuerzas de todas las prefecturas y atacarlos. Por ahora se incitará a las tropas a que vayan de caza". Entonces las tropas, tanto las ligeras como las pesadas, salieron a tender trampas.

Tan pronto como partieron, Tu Hsiang envió secretamente a unos hombres a que quemaran sus barracas. Todos los tesoros que habían acumulado se destruyeron. Cuando los cazadores regresaron, no hubo uno que no llorara.

Tu Hsiang: "Las riquezas de Pu Yang y de quienes están con él bastan para enriquecer a varias generaciones. Vosotros, caballeros, no habéis hecho lo que podíais. Lo que habéis perdido es una pequeña parte de lo que hay ahí. ¿A qué lamentarlo?".

Cuando las tropas escucharon esto, se enardecieron y quisieron luchar. Tu Hsiang ordenó que los caballos fueran alimentados, y cada uno comiera en su cama, y por la mañana temprano marcharon sobre el campo rebelde.11 Ni Yang ni Hung habían hecho preparativos y las tropas de Tu Hsiang atacaron con brío y los destruyeron.

Chang Yü dijo: "En esta Dinastía Imperial, cuando el Eminente Fundador ordenó a su general que atacara a Shu, dispuso:

'En todas las ciudades y prefecturas tomadas, puedes vaciar, en mi nombre, los tesoros y los almacenes públicos para mantener a los oficiales y las tropas. Lo que quiere el Estado es solamente el territorio'".

18. Por eso, cuando en la lucha con carros se capturan más de diez, recompensa a quien tomó el primero. Reemplaza las banderas y pendones del enemigo por los tuyos, mezcla los carros tomados con los tuyos y utilízalos.

19. Trata bien a los prisioneros y cuídalos.

Chang Yü dijo: "Todos los soldados capturados deben ser tratados de buena fe y con magnanimidad, de modo que puedan ser empleados por nosotros. Así lucharán a tu lado".

20. A esto se llama "vencer al enemigo y volverse más fuerte".

21. Por lo tanto, lo esencial en la guerra es la victoria, no las operaciones prolongadas. Y por eso, el general que entiende de guerra es el ministro del hado del pueblo y el árbitro del destino de la nación.

Ho Yen-shi dijo: "Las dificultades para designar a un comandante son en la actualidad las mismas que en los antiguos tiempos".

# CAPÍTULO III: ESTRATEGIA OFENSIVA

## Sun Tzu dijo:

1. Generalmente, en la guerra, la mejor política es tomar un Estado intacto; arruinarlo es menos ventajoso.

Li Ch'üan dijo: "No des un premio por matar".

2. Capturar el ejército enemigo es mejor que destruirlo; tomar intacto un batallón, una compañía o un pelotón de cinco hombres es mejor que destruirlos.

3. No es el mejor estratega el que logra cien victorias en cien batallas. Porque obtener cien victorias en cien batallas no es el colmo de la habilidad.

Someter al enemigo sin librar combate es el colmo de la habilidad.

4. Así, lo más importante en la guerra atacar la estrategia del enemigo.

Tu Mu dijo: "El Gran Duque dijo: 'El que sobresale descuella en la solución de los problemas lo hace antes de que se planteen. El que descuella en la conquista del enemigo triunfa antes de que las amenazas se materialicen".

Li Ch'üan dijo: "Ataca los planes en sus comienzos".

K'ou Hsun dijo: "La suprema excelencia en la guerra es atacar los planes del enemigo".

5. Después, lo mejor es desbaratar sus alianzas.

Tu Yu: "No permitas que tres enemigos se junte".

Wang Hsi dijo: "Si un enemigo tiene alianzas, el problema es grave y fuerte la posición del enemigo; si no tiene alianzas, el problema es menor y débil la posición del enemigo. Después, lo mejor es atacar a su ejército".

Chia Lin dijo: "El Gran Duque dijo: 'El que lucha por la victoria con espadas desnudas no es un buen general'".

Wang Hsi dijo: "Las batallas son asuntos peligrosos".

Chang Yü dijo" "Si no puedes cortar en flor sus planes o desbaratar sus alianzas cuando están a punto de consumarse, afila tus armas para lograr la victoria".

7. La peor política es atacar las ciudades. Ataca las ciudades sólo cuando no quede otra alternativa.

8. Preparar los carros acorazados y tener listas las armas y equipos necesarios requiere por lo menos tres meses; levantar rampas de tierra contra los muros, otros tres meses más.

9. Si el general es incapaz de dominar su impaciencia y ordena a las tropas que trepen las murallas como hormigas, un tercio morirá sin tomar la ciudad. Así son de calamitosos esos ataques.

Tu Mu dijo: "En la última época de Wei, el emperador T'ai Wu envió a cien mil hombres a atacar al general de Sung, Tsang Chih, en Yu T'ai. El emperador pidió primero a Tsang Chih un poco de vino. Tsang Chih llenó una vasija con orines y se la mandó. T'ai Wu se trastornó de ira e inmediatamente atacó la ciudad, ordenando a sus tropas que escalaran los muros y combatieran ceñido. Los cadáveres apilados llegaban a lo alto de las murallas, y al cabo de treinta días sumaban más de la mitad de las fuerzas".

10. Así, los que son hábiles en la guerra someten al enemigo sin librar batalla. Toman las ciudades sin asaltarlas y derrocan a sus gobiernos sin operaciones prolongadas.

Li Ch'üan dijo: "Vencen y conquistan mediante la estrategia. En la última época de Han, el marqués de Tsan, Tsang Kung, rodeó a los rebeldes de Yao en Yüan Wu, pero no pudo tomar la ciudad en varios meses. Sus oficiales y soldados estaban enfermos y cubiertos de úlceras. El rey de Tung Hai habló a Tsang Kung y le dijo: 'Has amontonado tropas y encerrado a tu enemigo, que está decidido a pelear hasta la muerte. ¡Eso no es estrategia! Deberías levantar el sitio. Hazles saber que hay una puerta abierta para escapar y se dispersarán'. ¡Entonces, cualquier alguacil de provincia podrá capturarlos!". Tsang Kung siguió su consejo y tomó Yüan Wu.

11. Tu objetivo debe ser tomar intacto "todo lo que está bajo el Cielo". De ese modo tus tropas no quedarán consumidas y tu ganancia será completa. Éste es el arte de la estrategia ofensiva.

12. En consecuencia, el arte de usar tropas es éste: cuando los tuyos sean diez contra uno, rodéalo. Cuando tengas cinco veces sus fuerzas, atácalo.

13. Chang Yü: Si mi fuerza es cinco veces la del enemigo, lo alarmo para que acuda al frente; lo sorprendo en la retaguardia; creo un tumulto en el este y ataco por el oeste.

14. Si doblas sus fuerzas, divídelo.

Tu Wu dijo: "Si una superioridad de dos a uno no es suficiente para dominar la situación, usamos fuerzas de distracción para dividir su ejército. Por eso el Gran Duque dijo: "El que es incapaz de incitar al enemigo a dividir sus fuerzas, no puede analizar tácticas desusadas".

15. Si las fuerzas son parejas, puedes presentarle batalla.

Ho Yen-hsi dijo: "En esas circunstancias, sólo el general capaz puede triunfar".

16. Si eres numéricamente inferior, sé capaz de retirarte.

Tu Mu dijo: "Si tus tropas no igualan a las de él, evita de momento su embestida inicial. Probablemente más tarde puedas sacar ventaja de un terreno propicio. Entonces, despabílate y busca la victoria con ánimo decidido".

Chang Yü: "Si el enemigo es fuerte y yo soy débil, me retiro de momento sin librar combate. Esto, en caso de que la capacidad y el coraje de los generales y la eficiencia de las tropas sean parejos. Si estoy en buen orden y mi enemigo en desorden; si soy enérgico y él negligente, entonces, aunque él sea numéricamente superior, puedo presentar batalla".

17. Y de ser disparejos en todos los aspectos, sé capaz de eludirlo, porque una fuerza pequeña es sólo botín para una fuerza más poderosa.

Chang Yü dijo: "Mencio dijo: ′El pequeño no puede, por cierto, igualar al grande, ni el débil equipararse con el fuerte, ni los pocos con los muchos′".

18. El general es el protector del Estado. Si esa protección lo abarca todo, el Estado será seguramente fuerte; si es insuficiente, el Estado será seguramente débil.

Chang Yü dijo: "El Gran Duque dijo: 'El soberano que obtiene la colaboración de la persona adecuada, prospera. Quien no lo consigue, se arruinará'".

19. Hay tres maneras en que el gobernante causar la desgracia de su ejército:

20. Cuando, ignorando que el ejército no debe avanzar, le ordena avanzar; cuando, ignorante de que no debe retirarse, le ordena retirarse. Eso se describe como "poner al ejército en apuro".

Chia Lin dijo: "El avance y la retirada de un ejército pueden ser controlados por el general de acuerdo con las circunstancias que se presenten. No hay mayor peligro que las órdenes del soberano desde la corte".

21. Desconocer lo asuntos militares y participar en su administración, confunde a los oficiales".

Chang Yu dijo: "Un Estado puede gobernare apoyándose en la bondad y la justicia, pero no sirven para administrar un ejército. La presteza y la flexibilidad pueden servir para administrar un ejército, pero no para gobernar un Estado".

La benevolencia y la rectitud se pueden practicar en el gobierno de un Estado, pero no pueden practicarse para administrar un ejército. La conveniencia y la flexibilidad se practican en la administración de un ejército pero no pueden practicarse para gobernar un Estado.

22. Cuando, ignorando los problemas del mando, participa en el ejercicio de las responsabilidades, provoca dudas en la mente de los oficiales.

Wang Hsi dijo "Si alguien que es ignorante en asuntos militares es enviado a participar en la administración de un ejército, entonces a cada momento habrá desacuerdos y mutuas frustraciones y todo el ejército quedará inmovilizado".

Chang Yu dijo: "En los últimos tiempos se ha empleado a funcionarios de la corte como Supervisores del Ejército y ése es precisamente el error".

23. Si el ejército desconfía y está confundido, los gobernantes vecinos causarán perturbaciones. Esto es lo que se quiere significar, cuando se dice: "Un ejército confundido conduce al otro a la victoria".

Li Ch'üan dijo: "El que no tiene claros sus objetivos, no podrá responder a su enemigo".

24. Hay cinco circunstancias en las cuales se puede predecir la victoria:

25. El que sabe cuándo puede pelear, y cuándo no, saldrá victorioso.

26. El que sabe cómo usar tanto las fuerzas grandes como las pequeñas saldrá victorioso.

Tu Yu dijo: "Hay circunstancias en la guerra en que los muchos no pueden atacar a los pocos y otras en que el débil puede dominar al fuerte. El que sea capaz de manejarse en tales circunstancias saldrá victorioso".

27. Vencerá quien pueda unir sus tropas en un objetivo común. aquel cuyas filas tengan unidad de propósitos.

Tu Yu dijo: "Por eso, Mencio dijo: ′La estación apropiada no es tan importante como las ventajas del terreno; y éstas no son tan importantes como la armonía en las relaciones humanas"

28. El que es prudente y está a la expectativa de un enemigo que no lo es, saldrá victorioso.

Ch'en Hao dijo: "Crea un ejército invencible y aguarda el momento en que el enemigo sea vulnerable".

Ho Yen-hsi dijo: "Un caballero dijo: ′Confiar en los rústicos y los ignorantes es el mayor de los crímenes: estar preparado de antemano para cualquier contingencia es la mayor de las virtudes′".

29. Aquel cuyos generales son competentes y no sufre la injerencia del soberano saldrá victorioso.

Tu Yu dijo "Por eso el Maestro Wang dijo: ′Hacer designaciones incumbe al soberano; decidir en la batalla, al general′".

Wang Hsi dijo: "Un soberano de noble carácter e inteligencia debe ser capaz de conocer al hombre adecuado, confiarle responsabilidad y esperar los resultados".

Ho Yen-hsi dijo: "En la guerra pueden producirse cien cambios a cada paso. Cuando uno ve que puede, avanza; cuando ve que las cosas son difíciles, se retira. Decir que un general debe esperar las órdenes del soberano en tales circunstancias, es como informar a un superior que deseas apagar un incendio. Antes de que llegue la orden de hacerlo, las cenizas se habrán enfriado. ¡Y se ha dicho que debe consultarse al Supervisor del Ejército en esos asuntos! Es como construir una casa al borde del camino y pedir consejo al que pasa. ¡Por supuesto, el trabajo nunca quedará terminado!".

Ponerle una rienda a un general competente y, al mismo tiempo, pedirle que elimine a un enemigo astuto es como atar al Sabueso Negro de los Han y ordenarle que cace las furtivas liebres. ¿Cuál es la diferencia?

30. En esas cinco cuestiones se conoce el camino de la victoria:

31. Por eso digo: "Conoce a tu enemigo y conócete a ti mismo; en cien batallas, nunca estarás en peligro".

32. ¡Cuando ignoras al enemigo pero te conoces a ti mismo, tus posibilidades de ganar o de perder son las mismas!.

33. "Si ignoras tanto a tu enemigo como a ti mismo, es seguro que en cada batalla estarás en peligro".

Li Ch'üan dijo: "A estos hombres se les llama locos criminales. Solo esperan la derrota".

# CAPÍTULO IV: DECISIONES TÁCTICAS

## Sun Tzu dijo:

1. Antiguamente, los buenos guerreros se hacían primero invencibles y esperaban el momento de vulnerabilidad del enemigo.

2. La invencibilidad depende de uno mismo; la vulnerabilidad del enemigo, de él.

3. Se sigue que quienes son duchos en la guerra pueden hacerse invencibles, pero no pueden hacer que el enemigo sea seguramente vulnerable.

Mei Yao-ch'en dijo: "Aquello que depende de mí puedo hacerlo; de lo que depende del enemigo, no puedo estar seguro".

4. Por eso se dice que uno puede saber cómo ganar, pero no puede necesariamente hacerlo.

5. La invencibilidad reside en la defensa; la posibilidad de la victoria, en el ataque.

6. Uno defiende cuando sus fuerzas son insuficientes; ataca cuando son abundantes.

7. Los expertos en defensa se ocultan como debajo de los nueve pliegues de la tierra; los duchos en el ataque se mueven como desde los nueve pliegues del cielo. Así, son capaces tanto de protegerse como de lograr una victoria completa. Tu Yu dijo: "Los expertos en preparar defensas consideran que es fundamental confiar en la fuerza de obstáculos como montañas, ríos y quebradas. Hacen imposible que el enemigo sepa dónde atacar. Se ocultan sigilosamente como bajo el suelo de nueve capas".

Esos expertos en el ataque consideran fundamental confiar en las estaciones y en las ventajas del terreno; usan las inundaciones y el fuego según la situación. Hacen que el enemigo no pueda saber dónde se preparan. Disparan su ataque como un rayo desde el cielo de nueve capas.

8. Prever una victoria que el hombre común puede prever no destreza alguna.

Li Ch'üan dijo: "Han Hsin dijo: 'Destruiremos el ejército de Chao y después nos reuniremos a desayunar'. Los generales estaban desalentados y fingieron aceptarlo. Han Hsin dispuso su ejército con el río en la retaguardia. Las tropas de Chao treparon a sus trincheras y, observando esto, lanzaban estruendosas carcajadas y lo insultaban: "¡El general de Han no sabe manejar las tropas!". Han Hsin procedió entonces a atacar y derrotar al ejército de Chao y, después del desayuno, decapitó al señor Ch'eng An.

Éste es un ejemplo de lo que la multitud no comprende.

9. Triunfar en el combate y ser aclamado universalmente experto no es el colmo de la destreza, porque levantar un vellón de otoño no requiere gran fuerza; distinguir entre el sol y la luna no es prueba de buena vista, y percibir el rugido del trueno no es indicio de un oído agudo.

10. Antiguamente, los llamados expertos en la guerra conquistaban a un enemigo fácilmente conquistable.

11. Por esa razón, los buenos guerreros no se ganaban el reconocimiento de los eruditos, ni el mérito de ser valientes.

Tu Mu dijo: "Una victoria obtenida antes de que la situación haya cristalizado es algo que el hombre común no comprende. Así, su autor no gana reputación de sagaz. Antes de haber ensangrentado su espada, el Estado contrario estaba sometido".

Ho Yen-hsi dijo: "Cuando sometes a tu enemigo sin librar combate, ¿quién te proclamará valiente?".

12. Porque obtiene sus victorias sin errar. "Sin errar" significa que lo que quiera que haga le asegurará la victoria: conquista a un enemigo ya vencido.

Chen Hao dijo: "Al hacer los planes, jamás hagas un movimiento inútil; al concretar la estrategia, ninguna medida tomada en vano".

13. Por eso, el comandante diestro adopta una posición en la cual no puede ser derrotado y no pierde oportunidad de dominar a su enemigo.

14. Así, un ejército victorioso obtiene sus triunfos antes de recurrir al combate; un ejército destinado a triunfar pelea con la esperanza de ganar.

Tu Mu dijo: "El duque Li Ching, de Wei, dijo: 'Las cualidades supremas del general son una clara percepción, la armonía de sus huestes, una profunda estrategia unida a planes a largo plazo, una comprensión de las estaciones y capacidad para examinar los factores humanos. Porque un general incapaz de evaluar sus posibilidades y de comprender las artes de la oportunidad y la flexibilidad, cuando se enfrente con la ocasión de atacar al enemigo avanzará a tropezones y hesitante, mirando ansiosamente primero a la derecha y después a la izquierda, incapaz de preparar un plan. Crédulo, confiará en informes inseguros, creyendo en un momento esto, en otro aquello. Espantadizo como un zorro en los avances o en las retiradas, sus unidades se dispersarán. ¿Qué diferencia hay entre esto y arrojar a los inocentes al agua hirviente o al fuego? ¿No es exactamente lo mismo que echar vacas y ovejas como alimento de lobos o tigres?'".

15. Los expertos en la guerra cultivan el Tao y defienden las leyes, y por eso son capaces de formular políticas victoriosas.

Tu Mu dijo: "El Tao es el camino de la humanidad y la justicia; las leyes son los reglamentos y las instituciones. Aquellos que sobresalen en la guerra cultivan primeramente su propia humanidad y justicia, y observan sus leyes y sus instituciones. De esa manera, hacen sus gobiernos invencibles".

16. Los elementos del arte de la guerra son cinco: primero, medición del espacio; segundo, estimación de las cantidades; tercero, cálculos; cuarto, comparaciones; y quinto, posibilidades de victoria.

17. Las mediciones del espacio derivan del suelo.

18. Las cantidades derivan de las mediciones; las cifras, de las cantidades; las comparaciones, de las cifras; y la victoria, de las comparaciones.

Ho Yen-hsi dijo: "El suelo incluye tanto las distancias, como el tipo de terreno; la medición es el cálculo. Antes de poner en marcha el ejército, se calcula el grado de dificultad que ofrece el territorio enemigo; la rectitud o tortuosidad de sus caminos; el número de sus tropas; la cantidad de su equipo bélico y el estado de su moral. Los cálculos se hacen para saber si se puede atacar al enemigo y sólo después se moviliza al pueblo y se reclutan tropas.

19. Así, un ejército victorioso es como un quintal comparado con un grano; un ejército vencido es como un grano comparado con un quintal.

20. A causa de la disposición un general victorioso es capaz de hacer que su pueblo luche con el efecto del agua retenida en lo alto que, súbitamente liberada, se precipita a los abismos insondables.

Chang Yü dijo: "La naturaleza del agua es tal que evita las alturas y se precipita hacia los bajíos. Cuando se rompe una represa, el agua cae en cascadas de fuerza irresistible. La forma de un ejército se parece al agua. Aprovecha la falta de preparación del enemigo; atácalo cuando él no lo espera; evita su fuerza y golpea su vacuidad y, como al agua, nadie se te podrá opone".

# CAPÍTULO V: ENERGÍA

## Sun Tzu dijo:

1. Generalmente, el manejo de muchos es igual al manejo de pocos. Es una cuestión de organización.

Chang Yü dijo: "Para manejar una hueste, es preciso primero asignar responsabilidades a los generales y a sus ayudantes, y determinar las fuerzas que compondrán la tropa".

Un hombre es un individuo; dos, un par; tres, un trío. Un par y un trío forman un quinteto que es una patrulla; dos patrullas forman una sección; cinco secciones, un pelotón; dos pelotones, una compañía; dos compañías, un batallón; dos batallones, un regimiento; dos regimientos, un grupo; dos grupos, una brigada; dos brigadas, un ejército.3 Cada uno está subordinado al superior y controla al inferior. Cada uno es debidamente adiestrado. Así se puede manejar un ejército de un millón de hombres como si fueran unos pocos.

2. Mandar a muchos es lo mismo que el control de pocos. Es cuestión de formaciones y señales.

Chang Yü dijo: "Cuando se emplean grandes cantidades de tropas, desde luego estarán muy separadas entre sí y los oídos no podrán oír con precisión, ni los ojos ver claramente. Por eso los oficiales y soldados recibirán órdenes de avanzar o retroceder mediante banderas y pendones, o de moverse o detenerse, mediante señales de campanillas y tambores. Así el valiente no avanzará solo, ni el cobarde huirá".

3. La seguridad de que el ejército resistirá el ataque enemigo sin sufrir una derrota proviene de las operaciones de las fuerzas extraordinarias y de las fuerzas normales.

Li Ch'üan dijo: "La fuerza que enfrenta al enemigo es la normal; la que va hacia su flanco es la extraordinaria. Ningún comandante puede sacar ventaja del enemigo si no tiene fuerzas extraordinarias.

Ho Yen-hsi: "Yo procedo de modo que el enemigo piense que mi fuerza normal es la extraordinaria y la extraordinaria, normal. Por lo demás, la fuerza normal se puede transformar en extraordinaria y viceversa.

4. Las tropas lanzadas contra el enemigo como una amoladera contra un montón de huevos son ejemplo de un sólido actuando en el vacío.

Ts'ao Ts'ao dijo: "Ataca con toda tu fuerza al lado más débil".

5. Generalmente emplea en la batalla la fuerza normal para atacar; usa la extraordinaria para ganar.

6. Los recursos de aquellos duchos en el uso de las fuerzas extraordinarias son tan infinitos como los cielos y la tierra; inagotables como el curso de los grandes ríos.

7. Porque terminan y vuelven a empezar; son cíclicos, como los movimientos del sol y la luna. Mueren y vuelven a nacer; son periódicos como las estaciones del año.

8. Las notas musicales son sólo cinco, pero sus melodías son tan numerosas que no podemos oírlas todas.

9. Los colores primarios son sólo cinco, pero sus combinaciones son tan infinitas que no podemos verlas todas.

10. Los gustos son sólo cinco, pero sus mezclas son tan variadas que no podemos saborearlas todas.

11. En el combate hay sólo fuerzas normales y extraordinarias, pero sus combinaciones son ilimitadas; nadie puede abarcarlas todas.

12. Porque esas dos fuerzas se reproducen mutuamente; su interacción es infinita como la de los anillos entrelazados. ¿Quién puede establecer dónde termina uno y empieza el otro?

13. Cuando el agua del torrente agita los guijarros, es por su impulso.

14. Cuando el golpe del halcón desgarra el cuerpo de su presa, es por su sincronización.6

Tu Yu dijo: "Golpea al enemigo con la velocidad con que el halcón ataca a su víctima. Desgarra con precisión el lomo de su presa, en razón de que esperó el momento justo para golpear. Su movimiento es regulado".

15. "Así, el impulso del diestro en la guerra es abrumador y su ataque regulado con precisión".

16. "Su potencia es la de una ballesta tendida al máximo; su sincronización es la del disparador al soltarse".

17. En el tumulto y el estruendo la batalla parece caótica, pero no hay desorden; se diría que las tropas giran en círculos, pero no pueden ser derrotadas.

Li Ch'üan dijo: "En el combate todo parece torbellino y confusión. Pero las banderas y pendones han prescripto un orden; los sonidos de los címbalos, reglas fijas".

18. "La confusión aparente es un producto del buen orden; la cobardía aparente, del coraje; la debilidad aparente, de la fortaleza".

Tu Mu dijo: "El verso significa que si uno quiere fingir desorden para engañar al enemigo, debe estar bien disciplinado. Sólo entonces podrá fingir confusión. El que desea simular cobardía y tender acechanzas al enemigo, debe ser valiente, porque sólo entonces será capaz de simular temor. El que no podrán oír con precisión, ni los ojos ver claramente. Por eso los oficiales y soldados recibirán órdenes de avanzar o retroceder mediante banderas y pendones, o de moverse o detenerse, mediante señales de campanillas y tambores. Así el valiente no avanzará solo, ni el cobarde huirá.

19. El orden o el desorden dependen de la organización: el coraje o la cobardía, de las circunstancias; la debilidad o la fortaleza, de las disposiciones.

Li Ch'üan dijo: "Cuando las tropas logran una posición favorable, el cobarde es valiente; si la pierden, el valiente se torna cobarde. En el arte de la guerra no hay reglas fijas. Éstas sólo pueden determinarse con arreglo a las circunstancias".

20. Así, los que son duchos en hacer mover al enemigo, lo consiguen creando una situación a la cual éste debe conformarse; lo seducen con algo que tiene la certeza de tomar, y con el señuelo de un beneficio evidente, lo esperan seguros.

21. Por eso el comandante hábil busca la victoria derivada de la situación y no la exige de sus subordinados.

Ch'en Hao dijo: "Los expertos en la guerra confían especialmente en la oportunidad y la conveniencia. No cargan con el peso de la realización a sus hombres solamente".

22. Selecciona a tus hombres que exploten mejor las situaciones.

Li Ch'üan dijo: "El valiente puede pelear; el precavido, defender y el sensato, aconsejar. De ese modo, no hay nadie cuyas condiciones se desperdicien. Den a cada cual las responsabilidades según sus cualidades".

Tu Mu dijo: "No des obras a aquellos que no tienen condiciones".

23. El que confía en la situación usa a sus hombres en la pelea como se hacen rodar troncos o piedras. La naturaleza de los troncos y de las piedras es tal que, en un terreno estable, permanecerán estáticos; en un terreno inestable, se moverán. Si tiene forma cuadrada, se detienen; si es redonda, ruedan.

24. Así, la potencialidad de las tropas diestramente conducidas en la batalla puede compararse con la de los guijarros que ruedan desde lo alto de las montañas.

Tu Mu dijo: "No se necesitan, pues, muchas fuerzas para un gran logro". Chang Yü dijo: "Li Ching dijo: 'En la guerra hay tres clases de situaciones: Cuando el general desprecia al enemigo y sus oficiales aman la pelea, sus ambiciones se elevan tan alto como las nubes del cielo y sus espíritus son tan vehementes como los huracanes; ésta es la situación con respecto a la moral.

Cuando un hombre defiende un desfiladero tan estrecho como el intestino de la oveja o la puerta de la casilla del perro, puede resistir a mil. Ésta es la situación con respecto al terreno.

Cuando se saca ventaja de la flojedad del enemigo, de su cansancio, su hambre y su sed, o se golpea cuando sus campamentos de avanzada aún no están organizados, o su ejército está en mitad del cruce del río; ésta es la situación con respecto al enemigo".

Por eso, cuando se emplean tropas, se debe sacar ventaja de la situación exactamente como si se pusiera en movimiento una bola desde lo alto de una empinada ladera. La fuerza aplicada es minúscula, pero los resultados, enormes.

# CAPÍTULO VI: DEBILIDADES Y FORTALEZAS

## Sun Tzu dijo:

1. Generalmente, aquel que ocupa el campo de batalla primero y espera a su enemigo, está en mejor posición; aquel que llega más tarde a la escena y se precipita al combate, está debilitado.

2. Y por eso los que son duchos en la guerra, llevan al enemigo hasta el campo de batalla y no son llevados allí por él.

3. El que es capaz de hacer que el enemigo venga espontáneamente lo hace ofreciéndole alguna ventaja. Y el que es capaz de impedirle que venga, lo hace hiriéndolo.

Tu Yü dijo: "Si eres capaz de ocupar los puntos críticos de sus caminos estratégicos, el enemigo no podrá llegar. Por eso el Maestro Wang dijo: 'Cuando un gato se aposta ante la ratonera, diez mil ratas no se atreven a salir; cuando un tigre guarda el vado, diez mil ciervos no pueden cruzar'".

4. Cuando el enemigo está descansado, sé capaz de fatigarlo; cuando bien alimentado, de hambrearlo; cuando en reposo, de obligarlo a moverse.

5. Aparece en los lugares a los cuales él debe precipitarse; desplázate rápidamente allí donde no te espera.

6. Puedes marchar cien li sin cansarte porque viajas por donde no hay enemigos.

Ts'ao Ts'ao dijo: "Avanza hacia lo vacío, golpea sus huecos, pasa por alto lo que defiende, atácalo donde no te espere".

7. Para estar seguro de tomar lo que atacas, ataca un lugar que el enemigo no proteja. Para estar seguro de conservar lo que defiendes, defiende un lugar que el enemigo no ataque.

8. Por eso, contra los duchos en el ataque, el enemigo no sabe dónde defenderse; contra los expertos en la defensa, el enemigo no sabe dónde atacar.

9. Sutil e incorpóreo, el experto no deja huellas; divinamente misterioso, es inaudible. Así es dueño del destino de su enemigo.

Ho Yen-hsi djo "Hago que el enemigo vea mi fortaleza como debilidad y mis debilidades como fortalezas, mientras actúo para convertir sus fortalezas en debilidades y descubro dónde no es fuerte. Oculto mis rastros de modo que nadie pueda percibirlos; guardo silencio, para que nadie pueda oírme".

10. Aquel cuyo avance es irresistible se arroja sobre las posiciones débiles del enemigo; aquel que en su retirada no puede ser perseguido, se mueve tan velozmente que no es posible alcanzarlo.

Chang Yü dijo: "Ven como el viento, vete como el relámpago".

11. Cuando quiero dar batalla, mi enemigo, aunque esté protegido por elevadas murallas y profundos fosos, no puede sino pelear, porque yo ataco una posición que él debe socorrer.

12. Cuando deseo evitar la batalla, puedo defenderme simplemente trazando una línea en el terreno; el enemigo será incapaz de atacarme, porque yo le impido ir a donde él desea.

Tu Mu: Chu-ko Liang acampó en Yang P'ing y ordenó a Wei Yen y a varios generales que combinaran sus fuerzas y bajaran hacia el este. Chu- ko Liang dejó solamente diez mil hombres para defender la ciudad mientras aguardaba noticias.

Ssu-ma I dijo: "Chu-ko Liang está en la ciudad; sus tropas son pocas; no es fuerte. Sus generales y oficiales están desanimados". En ese momento Chu-ko Liang conservaba su gran temple, como de costumbre. Ordenó a sus tropas que arriaran los pendones y silenciaran los tambores, y no permitió a sus hombres que salieran. Abrió las cuatro puertas y barrió y asperjó las calles.

Ssu-ma I sospechó una emboscada y, precipitadamente, envió a su ejército hacia las montañas del norte.

Chu-ko Liang señaló a su Jefe de Estado Mayor: " Ssu-ma I pensó que yo le había preparado una emboscada y huyó hacia las montañas". Ssu-ma I lo supo más tarde, y lo lamentó profundamente.1

13. Si soy capaz de determinar las disposiciones del enemigo mientras al mismo tiempo oculto las mías, entonces podré concentrarme y él deberá dividirse. Y si me concentro mientras él se divide, puedo emplear todas mis fuerzas para atacar a una fracción de las suyas. Ahí seré numéricamente superior. Entonces, si soy capaz de emplear a muchos para golpear a pocos en el lugar elegido, los que hayan de habérselas conmigo se verán en terribles aprietos.

Tu Mu dijo: "A veces utilizo tropas ligeras y vigorosos jinetes para atacar donde el enemigo no esté preparado; a veces, fuertes ballesteros y arqueros para arrebatarle posiciones clave, para agitar su izquierda, invadir su derecha, alarmarlo en el frente y golpearlo de pronto en la retaguardia. En pleno día, lo engaño con el uso de banderas y pendones, y de noche lo confundo batiendo los tambores. Entonces, temeroso y temblando, dividirá sus fuerzas como medida de precaución".

14. El enemigo no debe saber dónde tengo intención de dar batalla. Porque si no sabe dónde tengo intención de dar batalla, deberá prepararse en una gran cantidad de lugares. Y, cuando se prepara en una gran cantidad de lugares, aquellos con quienes tendré que pelear en cada lugar serán pocos.

15. Porque si prepara el frente, la retaguardia será débil, y si prepara la retaguardia, el frente será frágil. Si se prepara a la izquierda, la derecha será vulnerable, y si se prepara a la derecha, los de la izquierda serán pocos. Y cuando se prepare en todas partes, será débil en todas partes. Chang Yü dijo: "Él será incapaz de sondear a dónde irán mis carros realmente, o de dónde vendrá realmente mi caballería, o a dónde seguirá realmente mi infantería y por lo tanto se dispersará y dividirá y tendrá que cuidarse de mí en todas partes. En consecuencia, sus fuerzas se dispersarán y debilitarán, y su poderío se dividirá y disipará, y en el lugar donde lo ataque, podré usar grandes huestes contra sus unidades aisladas".

16. El que tiene poco, debe prepararse contra el enemigo; el que tiene mucho, lo obliga a prepararse contra él.

17. Si uno sabe dónde y cuándo se librará una batalla, sus tropas pueden marchar mil li y encontrarse en el campo. Pero si no se conoce ni el campo de batalla ni el día del combate, la izquierda será incapaz de ayudar a la derecha, o la derecha a la izquierda; la vanguardia, de apoyar a la retaguardia, o la retaguardia a la vanguardia. ¡Cuánto más será así cuando la separación sea de varias decenas de li y aun de unas pocas!

Tu Yü dijo: "Ahora bien, los que son expertos en la guerra deben saber dónde y cuándo se librará la batalla. Miden los caminos y fijan la fecha. Dividen el ejército y marchan en columnas separadas. Los que están lejos parten primero; los que están cerca, más tarde. Así, la reunión de las tropas desde distancias de centenares de li tendrá lugar al mismo tiempo. Es como la gente que va llegando al mercado de la ciudad".

18. Aunque estimo que las tropas de Yüeh son muchas, ¿en qué le beneficia su superioridad con respecto al resultado?

19. Así digo que la victoria puede ser creada. Pues aunque el enemigo sea numeroso, puedo impedir que ataque.

Chia Lin dijo: Aunque el enemigo sea numeroso, si no conoce mi situación, yo siempre puedo obligarlo a atender urgentemente sus propios preparativos, de modo que no tenga tiempo de planear su ataque contra mí.

20. Por eso asegúrate de los planes enemigos y sabrás cuál será la estrategia exitosa y cuál no.

21. Inquiétalo y descubre su sistema de movimientos.

22. Asegúrate de sus disposiciones y así descubrirás cuál será el campo de batalla.

23. Ponlo a prueba y averigua dónde su fuerza es abundante y dónde insuficiente.

24. Lo esencial en la disposición de las tropas es adoptar una forma indiscernible. Entonces, los espías más perspicaces no podrán escudriñar, ni el sensato podrá trazar planes contra ti.

25. Según la forma del enemigo, trazo planes para la victoria, pero la multitud no lo comprende. Aunque todos pueden ver los aspectos exteriores, ninguno entiende la forma en que he elaborado la victoria.

26. Por eso, cuando he logrado una victoria, no repito mi táctica, sino que respondo a las circunstancias en formas infinitamente variadas.

27. Ahora bien, un ejército puede ser comparado con el agua, porque así como el agua fluente abandona las alturas y se precipita hacia los bajíos, así un ejército evita lo fuerte y golpea lo débil.

28. Y así como el agua conforma su curso según el terreno, así un ejército organiza su victoria según la situación del enemigo.

29. Y así como el agua no tiene una forma constante, nohay en la guerra condiciones constantes.

30. Quien es capaz, pues, de obtener la victoria modificando su táctica de acuerdo con la situación del enemigo, puede ser llamado divino.

31. De los cinco elementos, ninguno predomina siempre; de las cuatro estaciones, ninguna dura siempre; de los días, unos son largos y otros cortos, y la luna crece y mengua.

# CAPÍTULO VII: LAS MANIOBRAS

## Sun Tzu dijo:

1. Normalmente, cuando se emplea un ejército, el general recibe primero las directivas del soberano. Reúne las tropas y moviliza al pueblo. Convierte al ejército en una entidad armoniosa y acampa.

Li Ch'üan dijo: Él recibe el mando del soberano, y en cumplimiento de las victoriosas deliberaciones de los consejos del templo, reverentemente ejecuta los castigos ordenados por el Cielo".

2. Nada es más difícil que el arte de la maniobra. Lo difícil en materia de maniobras es hacer que la ruta tortuosa sea la más directa y que el infortunio se convierta en ventaja.

3. Así, toma la ruta indirecta y desvía al enemigo atrayéndolo con un cebo. De esa manera, puedes ponerte en camino después que él y llegar antes. Quien es capaz de hacer esto, comprende la estrategia de lo directo y lo indirecto.

Ts'ao Ts'ao dijo: "Haz creer que estás lejos. Puedes partir después que el enemigo y llegar antes que él, porque sabes cómo estimar y calcular las distancias".

Tu Mu dijo: "Quien desea sacar ventaja toma una ruta tortuosa y distante y la convierte en un camino corto. Del inconveniente saca beneficio. Engaña y embauca al enemigo hasta tornarlo lento y flojo, y entonces, marcha velozmente".

4. Ahora bien, tanto la ventaja como el peligro son inherentes a la maniobra.

Ts'ao Ts'ao dijo: "El que es diestro sacará partido de ello; si no lo es, le resultará peligroso".

5. El que pone en movimiento el ejército entero para lograr una ventaja, no la obtendrá.

6. Si abandona el campamento para disputar una ventaja, los pertrechos se perderán.

Tu Mu dijo: "Si uno se desplaza con todo, los pertrechos avanzarán lentamente y no logrará la ventaja. Si deja el equipaje pesado detrás y se adelanta con las tropas ligeras, es de temer que el equipaje se pierda".

7. De esto se sigue que cuando uno enrolla la armadura y se pone en camino rápidamente, sin detenerse ni de día ni de noche y avanzando a marcha doble durante cien li, los tres comandantes serán capturados. Porque las tropas vigorosas llegarán primero y las débiles quedarán rezagadas, de modo que si se emplea este método, sólo una décima parte del ejército llegará.

Tu Mu dijo: "Normalmente, un ejército avanza treinta li por día, lo que constituye una etapa. En una marcha forzada de distancia doble, se cubren dos etapas. Puedes cubrir cien li únicamente si no descansas ni de día ni de noche. Si la marcha se hace de esta forma, las tropas serán tomadas prisioneras. Cuando Sun Tzu dice que si se aplica este método, sólo uno de cada diez llegará, quiere significar que cuando no hay otra alternativa y debes luchar por una posición ventajosa, seleccionas al más robusto de diez hombres para avanzar primero, mientras ordenas a los otros que lo sigan. De ese modo, de diez mil hombres seleccionas mil que llegarán al alba. Los restantes llegarán sin cesar, algunos, ya avanzada la mañana, otros a la media tarde, de modo que ninguno estará exhausto y todos llegarán sucesivamente para reunirse con quienes les precedieron. El sonido de su marcha es ininterrumpido. Cuando se lidie por una ventaja, ha de ser por un punto estratégicamente crítico. Entonces, incluso mil serán suficientes para defenderlo hasta que lleguen los siguientes miembros del ejército".

8. En una marcha forzada de cincuenta li, el comandante dela vanguardia caerá, y aplicando este método, sólo llegará la mitad del ejército. En una marcha forzada de treinta li, sólo llegarán los dos tercios.

9. Se sigue que un ejército que carece de equipo pesado, forrajes, comida, y pertrechos, estará perdido.

Li Ch'üan dijo: "La protección de muros de metal no es tan importante como los cereales y alimentos".

10. Aquellos que no conocen las condiciones de las montañas y los bosques, los peligrosos desfiladeros, los pantanos y marismas, no pueden dirigir la marcha de un ejército.

9. Aquellos que no utilizan a los guías locales son incapaces de obtener ventajas del terreno.

Tu Mu: El Kuan Tzu dice: "Generalmente el comandante debe familiarizarse en detalle, antes que nada, con los mapas, a fin de conocer los lugares peligrosos para los carros y carretas, dónde el agua es demasiado profunda para los furgones; los pasos de las montañas famosas, los principales ríos, la ubicación de las tierras altas y de las colinas; dónde son más espesos los juncales, los bosques y los cañaverales; las distancias de los caminos; el tamaño de las ciudades y los pueblos; las ciudades bien conocidas y las abandonadas, y dónde hay huertos florecientes. Todo esto debe ser conocido tan bien como la precisa ubicación de las fronteras. El general debe acumular todos estos datos en su cabeza; sólo entonces no perderá la ventaja con respecto al terreno...".

Li Ching dijo: "Tenemos que elegir a los oficiales más valientes y a los más inteligentes y perspicaces y, usando guías locales, cruzar en secreto las montañas y los bosques, sin ruido y ocultando nuestras huellas. A veces, hacernos patas artificiales de animales para calzárnoslas en los pies; otra, nos ponemos pájaros artificiales en los sombreros y, calladamente, nos ocultamos entre la maleza. Después escuchamos atentamente los sonidos lejanos y forzamos los ojos para ver claramente. Concentramos los cinco sentidos para atrapar cualquier oportunidad. Observamos las indicaciones de la atmósfera; buscamos huellas en el agua para saber si el enemigo ha vadeado la corriente y vigilamos el movimiento de los árboles que indican su cercanía".

Ho Yen-hsi dijo: "Ahora bien, si habiendo recibido instrucciones para lanzar una campaña nos precipitamos a una tierra poco familiar, a la que no ha llegado la influencia de la cultura, donde las comunicaciones están cortadas, y nos abalanzamos por sus desfiladeros, ¿no es eso difícil? Si voy con un ejército solitario, el enemigo me espera vigilante. Porque la situación del que ataca y del que defiende son muy diferentes. ¡Cuánto más, cuando el enemigo apela a añagazas y emplea muchos artificios engañosos! Si no hemos hecho planes, nos arrojamos de cabeza. Por desafiar los peligros y meternos en lugares riesgosos, arrostramos la calamidad de quedar atrapados o inundados. Marchando como borrachos, podemos precipitarnos a un combate inesperado. Cuando nos detenemos por la noche, nos desazonan falsas alarmas; si nos apresuramos sin preparación, caemos en emboscadas. Esto es lanzar a un ejército de osos y tigres en el país de la muerte. ¿Cómo podremos superar las fortificaciones de los rebeldes, o arrojarlos de sus falaces escondrijos?

Por eso, en el país enemigo, las montañas, los ríos, las tierras altas, los bajíos y las colinas que él puede defender como puntos estratégicos; los bosques, cañaverales, juncales y pastizales exuberantes donde puede esconderse; las distancias de los caminos y los senderos, el tamaño de las ciudades y los pueblos, la extensión de las aldeas, la fertilidad o esterilidad de los campos, la importancia de sus obras de riego, el volumen de sus pertrechos, la magnitud del ejército enemigo, la agudeza de sus armas: todo debe ser perfectamente conocido. Entonces, tendremos al enemigo bajo nuestra mira y podremos tomarlo fácilmente".

12. Ahora bien, la guerra se basa en la impostura. Muévete cuando es conveniente y crea cambios en la situación dispersando y concentrando las fuerzas.

13. En campaña, sé veloz como el viento; en la marcha pausada, majestuoso como el bosque; en la incursión y el saqueo, como el fuego; en la inmovilidad, firme como la montaña. Insondable como las nubes, muévete como el rayo.

14. Cuando pongas a saco el país, divide tus fuerzas.10 Cuando conquistes un territorio, divide los beneficios.

15. Sopesa la situación y luego muévete.

16. Quien conozca el arte de los aproches directos o indirectos saldrá victorioso. Tal es el arte de la maniobra.

17. El Libro de la Administración Militar dice: "Como la voz no se puede oír en la batalla, se usan tambores y campanas. Como las tropas no pueden verse claramente en la batalla, se usan banderas y pendones".

18. Ahora bien, gongs y tambores, pendones y banderas son usados para concentrar la atención de las tropas. Cuando la tropa está unida, el valiente no podrá avanzar solo, ni el cobarde retirarse. Éste es el arte de emplear las huestes.

Tu Mu dijo: "La Ley Militar establece: 'Aquellos que cuando deben avanzar no lo hacen, y aquellos que cuando deben retirarse no lo hacen, son decapitados'".

Cuando Wu Ch'i peleó contra Ch'in, había un oficial que, antes de comenzar la batalla, no pudo dominar su ardor. Avanzó, tomó un par de cabezas y volvió. Wu Ch'i ordenó que lo decapitaran. El comisionado del Ejército lo amonestó, diciéndole: "Es un oficial talentoso; no debieras decapitarlo".

Wu Ch'i respondió: "Estoy seguro de que es un oficial talentoso, pero es desobediente". A continuación, lo decapitó.

19. En la pelea nocturna, usa muchos tambores y antorchas; en la diurna, muchos pendones y banderas, para influir en la vista y el oído de nuestras tropas.

Tu Mu dijo: "Así como las grandes formaciones incluyen a otras más pequeñas, así los grandes campamentos incluyen a otros más pequeños. El ejército de vanguardia, el de retaguardia, el de la derecha y el de la izquierda tienen cada uno su propio campamento. Éstos forman un círculo alrededor del cuartel general del comandante en jefe, en el centro. Todos los campamentos circundan el cuartel general. Los distintos ángulos se enganchan entre sí, de manera que el campamento parece la constelación de Pi Lei. La distancia entre los campamentos no es mayor de cien pasos, ni menor de cincuenta. Los caminos y senderos se juntan para que las tropas puedan reunirse. Las fortificaciones están enfrentadas, de modo que cada una pueda ayudar a la otra con sus arcos y ballestas.

En cada cruce de caminos se construye un fortín; en lo alto se apila leña; en el interior hay túneles ocultos. Se sube a ellos por escalas; allí hay centinelas apostados. Si, después de oscurecer, un centinela oye un redoble de tambores en los cuatro lados del campamento, enciende el fanal del atalaya. Por eso, si el enemigo ataca de noche, puede llegar hasta las puertas, pero cada una de ellas tiene un pequeño campamento firmemente defendido, y al este, al oeste, al norte y al sur, el enemigo no sabe cuál atacar.

En el campamento del comandante en jefe o en los pequeños campamentos, los que se enteran primero de que el enemigo ha llegado le permiten entrar; entonces baten los tambores y todos los campamentos responden. En los fortines se encienden los fanales que dan una luz como de día.

A continuación, los oficiales y la tropa cierran las puertas de los campamentos y guarnecen las fortificaciones y desde arriba dominan al enemigo. Fuertes ballestas y poderosos arcos disparan en todas direcciones…

Nuestra sola preocupación es que el enemigo no ataque de noche, porque si lo hace, seguramente es derrotado".

20. Ahora bien, a un ejército se le puede quitar el ánimo y al comandante su coraje.

Ho Yen-hsi dijo: "Wu Ch'i dijo: ʹLa responsabilidad de una hueste marcial de un millón descansa en un solo hombre. Él es el disparador de su ánimo".

Mei Yao-ch'en dijo: "Si un ejército ha sido privado de su moral, el general también habrá perdido su temple".

Chang Yü dijo: "El general domina por su temple. Ahora bien: el orden y la confusión, el coraje y la cobardía son cualidades que dependen del temple. Por eso, el que sabe controlar a su enemigo lo frustra y luego avanza contra él. Lo exaspera para confundirlo y lo acosa para atemorizarlo. Así, despoja a su enemigo de su temple y su capacidad para trazar planes".

21. Por la mañana temprano, los espíritus son agudos; durante el día, decaen, y por la noche los pensamientos retornan al hogar.16

22. Y por eso aquellos que son duchos en la guerra evitan al enemigo cuando su espíritu es agudo y lo atacan cuando afloja y sus soldados están nostálgicos. Éste es el control del factor moral.

23. En buen orden, aguardan a un enemigo desordenado; con serenidad, a uno vociferante. Éste es el control del factor mental.

Tu Mu dijo: Con serenidad y firmeza, no son destruidos por los acontecimientos.

Ho Yen-hsi dijo: "Para el general solitario que con astucia debe controlar a una hueste de un millón contra un enemigo fiero como el tigre, las ventajas y las desventajas se mezclan. Al enfrentar los incontables cambios de situación, debe ser sensato y flexible; debe tener presentes todas las posibilidades. A menos que tenga un corazón intrépido y que su juicio no sea confuso, ¿cómo podría responder a las circunstancias sin perder la cabeza? ¿Y cómo podría arreglar las cuestiones sin extraviarse? Cuando inesperadamente se enfrente con graves dificultades ¿cómo podría no alarmarse? ¿Cómo podría controlar las miríadas de asuntos sin confundirse?".

24. Cerca del campo de batalla, aguardan a un enemigo que viene de lejos; en reposo, a un enemigo exhausto; con tropas bien alimentadas, a un ejército hambriento. Éste es el control del factor físico.

25. No entran en lucha con un enemigo que avanza con estandartes bien ordenados, ni con uno cuyas formaciones se presentan en un orden de batalla impresionante. Éste es el control del factor de las circunstancias cambiantes.

26. Por eso, el arte de emplear tropas reside, cuando el enemigo ocupa lugares elevados, en no enfrentarlo; cuando apoya su espalda en las colinas, no te opongas a él.

27. Cuando pretenda huir, no lo persigas.

28. No ataques a sus tropas de élite.

29. No tragues la carnada que te ofrece.

Mei Yao-ch'en dijo: "El pez que codicia la carnada es pescado; las tropas que codician la carnada, son vencidas".

Chang Yü dijo: En "Tres Estrategias" se dice: "Con una camada perfumada es seguro que se atrapará algún pez".

30. No entorpezcas a un enemigo que regresa a su tierra.

31. A un enemigo rodeado, debes dejarle una vía de escape.

Tu Mu dijo: "Muéstrales que existe un camino para salvarse y así crea en su mente la idea de que hay otra alternativa, además de la muerte. Entonces, ataca".

Ho Yen-hsi dijo: Cuando Ts'ao Ts'ao rodeó a Hu Kuan dio una orden: ´Cuando la ciudad sea tomada, los defensores serán sepultados´. Por meses y meses, no cayó. Ts'ao Jen dijo: "Cuando una ciudad está cercada es esencial mostrar a los sitiados que hay una forma de sobrevivir. Ahora bien, Señor, como les habéis dicho que deben pelear hasta la muerte, todos pelearán para salvar el pellejo. La ciudad es fuerte y tiene abundantes abastecimientos. Si atacamos, muchos oficiales y soldados resultarán heridos. Si persistimos, pasarán los días. ¡Acampar al pie de las murallas de una ciudad fuerte y atacar a rebeldes decididos a luchar hasta la muerte no es un buen plan!".

Ts'ao Ts'ao siguió su consejo y la ciudad se rindió.

32. No apures a un enemigo acorralado. Tu Yu dijo: "El príncipe Fu Ch'ai dijo: 'Las bestias salvajes, cuando están acorraladas, pelean desesperadamente. ¡Cuánto más cierto es esto en los hombres! Si saben que no les queda otra alternativa, pelearán hasta la muerte".

Durante el reinado del emperador Hsüan, de Han, Chao Ch'ung Kuo tuvo que sofocar una revuelta de la tribu de Ch'iang. Los hombres de la tribu de Ch'iang, después de observar su enorme ejército, descartaron su equipaje pesado y se pusieron en marcha para vadear el Río Amarillo. El camino avanzaba por estrechos desfiladeros y Ch'ung Kuo los llevaba pausadamente.

Alguien dijo: "Perseguimos un gran beneficio pero avanzamos lentamente".

Ch'ung Kuo replicó: "Están desesperados. No puedo presionarlos. Si procedo así con tranquilidad, se irán sin mirar siquiera en torno. Si los apremio, se volverán hacia nosotros y pelearán a muerte".

Todos los generales exclamaron: "Maravilloso".

33. Ésta es la forma de emplear tropas.

# CAPÍTULO VIII: LAS NUEVE VARIABLES

## Sun Tzu dijo:

1. En general la forma de emplear tropas consiste en que el general recibe del soberano el mandato de movilizar al pueblo y reunir al ejército.

2. No debes acampar en suelo bajo.

3. En los territorios que se comunican, únete a tus aliados.

4. No debes demorarte en territorios solitarios.

5. En territorios encerrados, se necesita ingenio.

6. En el territorio de la muerte, pelea.

7. Hay algunos caminos que no deben seguirse, algunas tropas que no se deben atacar, algunas ciudades que no se deben asaltar, y algunos territorios que no se deben disputar.

Wang Hsi dijo: "En mi opinión, las tropas que sirven de cebo, las tropas de élite, y un enemigo en formación bien ordenada e imponente no deben ser atacados".

Tu Mu dijo: "Probablemente esto se refiere a un enemigo situado en una posición estratégica, tras altas murallas y profundos fosos, con abundantes abastecimientos de pienso y alimentos, y cuyo propósito es detener mi ejército. Si yo atacara la ciudad y la tomara, no lograría ninguna ventaja digna de mención; si no la tomara, el asalto quebrantaría, desde luego, el poder de mi ejército. Por lo tanto, no debo atacarlo".

8. Hay ocasiones en que las órdenes del soberano no deben ser obedecidas.

Ts'ao Ts'ao dijo: "Cuando es eficaz en las operaciones, el general no debe ser coartado por las órdenes del soberano.

Tu Mu: El Wei Liao Tzu dice: "Las armas son instrumentos de mal agüero; la lucha, contraria a la virtud; el general, Ministro de la Muerte, que no es responsable ni ante los cielos en lo alto, ni ante la tierra abajo, ni ante el enemigo al frente, ni ante el soberano en la retaguardia". Chang Yü: Ahora bien, el rey Fu Ch'ai dijo: "Cuando descubras el proceder correcto, actúa; no esperes órdenes".

9. Un general que conoce perfectamente las ventajas de los nueve factores variables sabe cómo emplear las tropas.

Chia Lin dijo: "El general debe confiar en su capacidad para controlar la situación en su beneficio, como indiquen las oportunidades. No está limitado por procedimientos preestablecidos".

10. El general que no entiende las ventajas de los nueve factores variables no será capaz de utilizar el terreno en su beneficio, aunque le sea familiar.

Chia Lin dijo: "Un general aprecia los oportunos cambios de las circunstancias".

11. En la dirección de las operaciones militares, el que no comprende las tácticas adecuadas a las nueve situaciones variables será incapaz de usar sus tropas eficazmente, aunque entienda las "cinco ventajas".

Chia Lin dijo: Las "cinco variaciones" son las siguientes: un camino, aunque sea el más corto, no debe ser utilizado si se sabe que es peligroso y que existe la posibilidad de una emboscada.

Un ejército, aunque pueda ser atacado, no debe serlo si se halla en una situación desesperada y existe la posibilidad de que el enemigo luche hasta la muerte.

Una ciudad, aunque se encuentre aislada y sea capaz de atacar, no debe ser atacada si existe la posibilidad de que esté bien abastecida, defendida por tropas de primera comandadas por un general inteligente, cuyos ministros sean leales y sus planes impenetrables.

El terreno, aunque pueda ser disputado, no debe ser objeto de lucha si se sabe que una vez obtenido será difícil de defender, o si no se deriva ningún beneficio de su ocupación sino que posiblemente será contraatacado y ocasionará pérdidas.

Las órdenes de un soberano, aunque en general hay que seguirlas, no deben serlo si el general sabe que entrañan el peligro de una dirección perniciosa de los asuntos desde la capital.

Estas cinco contingencias deben ser enfrentadas cuando se presenten y como las circunstancias lo indiquen en su momento, porque no pueden ser resueltas de antemano.

12. Y por esa razón, en sus deliberaciones el general sensato debe tener en cuenta tanto los factores favorables como los desfavorables.

Ts'ao Ts'ao dijo: "Pesa los peligros implícitos en las ventajas y las ventajas implícitas en los peligros".

13. Tomando en cuenta los factores favorables, hace que su plan sea factible; tomando en cuenta los desfavorables, podrá resolver las dificultades.

Tu Mu dijo: "Si deseo llevar ventaja a mi enemigo, debo ver no sólo el beneficio de ello, sino que primeramente he de considerar el daño que él puede causarme, si lo hago".

Ho Yen-hsi: "Las ventajas y las desventajas se reproducen mutuamente. Los que tienen discernimiento, reflexionan".

14. El que intimida a sus vecinos lo hace infligiéndoles daños.

Chia Lin dijo: "Los planes y proyectos para perjudicar al enemigo no se limitan a un solo método. A veces seduce a sus hombres sensatos y virtuosos, dejándolo sin consejeros. O mándales felones a su país para arruinar su administración. A veces, utiliza astutas añagazas para separar a los ministros de sus soberanos. O envíales hábiles artesanos para incitar a las gentes a agotar sus riquezas. O preséntales músicos y bailarines licenciosos, para cambiar sus costumbres. O dales hermosas mujeres para confundirlos".

15. Los cansa manteniéndolos permanentemente ocupados y los hace correr de un lado a otro, ofreciéndole aparentes beneficios.

16. Es un principio de la guerra no suponer que el enemigo no vendrá, sino más bien confiar en la propia preparación para enfrentarlo; no suponer que no atacará, sino más bien hacerse uno mismo invencible.

Ho Yen-hsi: ... La "Estrategia de Wu" dice: "Cuando el mundo está en paz, el caballero pone la espada al lado de él".

17. Hay cinco cualidades que son peligrosas en el carácter de un general.

18. Si es temerario, puede ser muerto.

Tu Mu: Un general estúpido y valiente es una calamidad.

Wu Ch'i dijo: "Cuando la gente se refiere a un general, siempre se fija en el coraje. Pero en el general el coraje es sólo una cualidad. Ahora bien, un general valiente y estúpido es seguro que entrará en el combate temerariamente y en este caso no tendrá conciencia de sus ventajas".

19. Si es cobarde, capturado.

Ho Yen-hsi dijo: "El Ssu-ma Fa dice: 'Quien estime su vida sobre todas las cosas, será vencido por la indecisión. La indecisión en un general es una gran calamidad'".

20. Si es de genio vivo, puedes embaucarlo.

Tu Yu dijo: "Un hombre impulsivo puede ser provocado hasta enfurecerlo y arrastrarlo a la muerte. El que se enfada fácilmente es irascible, terco y precipitado. No repara en las dificultades.

Wang Hsi: "Lo esencial en el carácter de un general es la estabilidad".

21. Si tiene un sentimiento del honor muy puntilloso, puedes calumniarlo; Mei Yao-ch'en: El que está ansioso por defender su reputación no pone cuidado en ninguna otra cosa.

22. Si es de naturaleza compasiva, puedes acosarlo.

Tu Mu dijo: "El que es humanitario y compasivo y sólo teme las bajas que pueda sufrir, no sabe ceder una ventaja transitoria en nombre de beneficios a largo plazo, y es capaz de dejar pasar esto, para atrapar aquello".

23. Esos cinco rasgos son graves en un general y resultan calamitosos para las operaciones militares.

24. La ruina del ejército y la muerte del general son consecuencias inevitables de esos defectos. Deben ser profundamente estudiados.

# CAPÍTULO IX:MARCHAS

## Sun Tzu dijo:

1. Generalmente, cuando ocupes una posición y te enfrentes con el enemigo, después de haber cruzado las montañas, quédate cerca de los valles. Acampa en terrenos altos, mirando hacia el lado del sol.

2. Pelea cuesta abajo; no subas para atacar.

3. Con más razón, cuando se trata de ocupar posiciones en la montaña.

4. Después de cruzar un río, debes alejarte cierto trecho de él.

5. Cuando un enemigo que avanza cruza un río, no lo ataques al llegar a la orilla. Es conveniente dejar que la mitad de sus efectivos haya cruzado, entonces ataca.

Ho Yen-hsi dijo: "Durante el período de Primavera y Otoño, el duque de Sung fue a Hung a enfrentarse con el ejército de Ch'u. El ejército de Sung se había desplegado antes de que las tropas de Ch'u hubiesen terminado de cruzar el río. El Ministro de Guerra dijo: ʹEl enemigo es numeroso, nosotros somos pocos. Pido permiso para atacar antes de que haya terminado el cruceʹ. El duque de Sung replicó: ʹNo puedesʹ.

Cuando el ejército de Ch'u hubo terminado de cruzar el río, pero aún no había dispuesto sus formaciones, el ministro pidió nuevamente permiso para atacar, pero el duque replicó: ʹTodavía no. Cuando hayan dispuesto sus filas, atacaremosʹ.

El ejército de Sung fue derrotado, el duque herido en el muslo y los oficiales de la vanguardia aniquilados.

6. Si quieres dar batalla, no te enfrentes con tu enemigo cerca del agua. Ocupa posiciones en terreno alto, mirando hacia el sol. No ocupes posiciones aguas abajo.

7. Esto se relaciona con la ocupación de posiciones cerca de un río.

8. Cruza las marismas rápidamente. No te demores en ellas. Si te bates con el enemigo en medio de una marisma, toma posición cerca de la hierba y del agua, con los árboles a tu retaguardia.

9. Esto tiene que ver con tomar posición en marismas.

10. En terreno llano, ocupa una posición que facilite tus movimientos. Cuando hay alturas en la retaguardia y a la derecha, el campo de batalla está al frente, y la retaguardia es segura.

11. Así es como debe ocuparse una posición en terreno llano.

12. Por lo general, es ventajoso acampar en las cuatro situaciones enumeradas. De ese modo, el Emperador Amarillo venció a cuatro soberanos.

13. El ejército prefiere los terrenos altos a los bajos; aprecia la luz del sol y detesta las sombras. Así, a la par que protege su salud, el ejército ocupa posiciones firmes. Se dice que un ejército que no padece innumerables enfermedades está seguro de la victoria.

14. Cuando estés cerca de terraplenes, colinas, diques o represas, debes ocupar posición en la parte soleada y apoyar en ellos el flanco derecho y la retaguardia.

15. Estos métodos son todos beneficiosos para el ejército y aseguran la ayuda que el terreno brinda.

16. Cuando hay torrentes impetuosos, "pozos celestes", "prisiones celestes", "redes celestes", "trampas celestes" y "grietas celestes", apártate rápidamente de ellos. No te acerques.

Ts'ao Ts'ao: Las aguas furiosas en las profundas gargantas son los "torrentes impetuosos". Un lugar rodeado de alturas, con un suelo bajo en el centro, se llama "pozo celeste". Cuando pasas a través de montañas y el terreno se asemeja a una jaula cubierta, es una "prisión celeste". Los lugares donde las tropas pueden quedar entrampadas y aisladas se llaman "redes celestes". Cuando el terreno se hunde, es una "trampa celeste". Donde las gargantas de las montañas son estrechas y los caminos se hunden varios metros hay "grietas celestes".

17. Me mantengo a distancia de esos lugares y arrastro al enemigo hacia ellos. Lo enfrento y lo obligo a darles la espalda.

18. Cuando en los flancos del ejército hay desfiladeros peligrosos o estanques cubiertos de plantas acuáticas donde crecen los juncos y los bambúes, o montañas boscosas con enmarañada maleza, cuídate

de buscar la salida, porque son lugares donde se tienden las emboscadas y se ocultan los espías.

19. Cuando el enemigo está cerca pero oculto, depende de una situación favorable. Cuando desafía al combate desde lejos, desea inducirte a que avances, porque cuando está en terreno cómodo, su posición es ventajosa.

20. Cuando se ve que los árboles se mueven, el enemigo avanza.

21. Cuando se han colocado muchos obstáculos en la maleza, es con propósito de engaño.

22. Pájaros que remontando vuelo son signo de que el enemigo ha tendido una emboscada; cuando los animales salvajes se espantan y huyen, está tratando de tomarte desprevenido.

23. El polvo levantándose en columnas altas y derechas indica que se acercan los carros de combate. Cuando flota a baja altura y disperso, es la infantería que viene.

Tu Mu dijo: "Cuando los carros y la caballería corren velozmente, vienen unos detrás de otros como peces en hileras y por eso el polvo se levanta en columnas altas y finas".

Chang Yü dijo: "Cuando el ejército marcha, es preciso despachar patrullas al frente para observar al enemigo. Si ven el polvo que levanta el enemigo, deben comunicarlo rápidamente al comando general".

24. Cuando el polvo se levanta en regiones dispersas, el enemigo está juntando leña; cuando hay pequeñas y numerosas placas que parecen ir y venir, es porque su ejército está acampando.

25. Cuando el enviado del enemigo se expresa en términos humildes pero continúa con sus preparativos, avanzará.

Chang Yü: Cuando T'ien Tan estaba defendiendo Chi Mo, el general de Yen, Ch'i Che, lo rodeó. T'ien Tan personalmente tomó la azada y participó en las faenas de la tropa. Envió a sus esposas y concubinas a que engrosaran las filas y dividió su propia comida para mantener a los oficiales.

Asimismo, envió a algunas mujeres hasta las murallas de la ciudad para que averiguaran las condiciones de la rendición. El general de Yen estaba muy satisfecho. T'ien Tan reunió también veinticuatro mil onzas de oro e hizo que los ciudadanos ricos enviaran una carta al general de Yen, diciendo: "La ciudad ha de rendirse inmediatamente. Nuestro solo deseo es que no toméis prisioneras a nuestras mujeres ni a nuestras concubinas. El ejército de Yen se volvió cada vez más flojo y descuidado y T'ien Tan irrumpió en la ciudad y les infligió una aplastante derrota.

26. Cuando su lenguaje es falaz pero el enemigo avanza ostentosamente, se retirará.

27. Cuando los enviados se excusan, el enemigo desea una suspensión de las hostilidades.

28. Cuando el enemigo, sin acuerdos previos, propone una tregua, está conspirando.

Ch'en Hao dijo: "Cuando sin razón solicita una tregua, es porque los asuntos de su país se hallan en una situación peligrosa, está preocupado y desea trazar un plan para tener un respiro. O por el contrario, sabe que nuestra situación se presta para sus maquinaciones y quiere ahuyentar nuestras sospechas proponiendo una tregua. Entonces, se aprovechará de nosotros, que estaremos desprevenidos".

29. Cuando los carros ligeros salen primero y se sitúan en los blancos, el enemigo está formando para el combate.

Chang Yü dijo: En la "formación en escama de pez", los carros se sitúan al frente, la infantería detrás.

30. Cuando sus tropas marchan rápidamente y pasa revista a sus carros de combate, espera reunirse con los refuerzos.

31. Cuando la mitad de sus fuerzas avanza y la mitad se retira, está tratando de hacerte caer en el lazo.

32. Cuando sus tropas se apoyan en sus armas, están hambreadas.

33. Cuando los que acarrean el agua se la beben antes de llevarla al campamento, sus tropas están sufriendo sed.

34. Cuando el enemigo ve una ventaja pero no avanza para aprovecharla, está fatigado.

35. Cuando los pájaros se reúnen sobre los lugares donde acampó, éstos están vacíos.

Ch'én Hao dijo: "Sun Tzu indica cómo distinguir lo verdadero de lo falso en la apariencia del enemigo".

36. Cuando en la noche hay algarabía en el campamento enemigo, tiene miedo.

Tu Mu dijo: "Sus tropas están aterradas e inseguras. Hacen alboroto para tranquilizarse".

37. Cuando sus tropas son desordenadas, el general no tiene prestigio.

Ch'ên Hao dijo: "Cuando las órdenes del general no son estrictas y su comportamiento indecoroso, los oficiales serán indisciplinados".

38. Cuando sus banderas y pendones se mueven constantemente, reina la confusión.

Tu Mu dijo: "El duque Chuang, de Lu, derrotó a Ch'i, en Ch'ang Sho. Tsao Kuei pidió permiso para perseguir a los vencidos. El duque le preguntó por qué. Él respondió: 'Observo que las huellas de sus carros son confusas y que sus banderas y pendones se inclinan. Por eso deseo perseguirlos'".

39 Si los oficiales tienen mal genio, se agotarán.

Ch'ên Hao dijo: Cuando el general se empeña en proyectos superfluos, todo el mundo se cansa.

Chang Yü: Cuando la administración y las órdenes son incompatibles, el espíritu de los hombres decae y los oficiales se encolerizan excesivamente.

40. Cuando el enemigo da pienso a los caballos y carne a sus hombres y cuando su tropa no vuelve a colgar las marmitas, ni regresa a sus refugios, está desesperado.

Wang Hsi dijo: "El enemigo da pienso a los caballos y los hombres comen carne para aumentar sus fuerzas y su capacidad de resistencia. Si el ejército no tiene marmitas, no volverá a comer. Si las tropas no regresan a sus refugios, no piensan en sus casas y se aprestan a una batalla decisiva".

41. Cuando las tropas se reúnen continuamente en pequeños grupos y cuchichean, el general ha perdido la confianza del ejército.

42.. Las recompensas demasiado frecuentes indican que el general está llegando al final de sus recursos; los castigos demasiado frecuentes, que se halla en un grave aprieto.

43. Si los oficiales tratan a sus hombres severamente al principio y más tarde los temen, se ha llegado al límite de la indisciplina.20

44. Cuando las tropas enemigas estén animadas y, a pesar de tenerte enfrente no entren en la batalla durante largo rato, ni se vayan, debes examinar cuidadosamente la situación.

45. En la guerra, la sola cantidad no confiere ventaja. No avances confiado en tu mero poderío militar.

46. Es suficiente estimar correctamente la situación del enemigo y concentrar tus fuerzas para capturarlo.22 No hay nada más en lo que a eso se refiere. Aquel que no sabe prever y subestima a su enemigo, seguramente será capturado por él.

47. Si se castiga a las tropas antes de ganar su lealtad, serán desobedientes. Si no son obedientes, es difícil emplearlas. Si las tropas son leales pero los castigos no se aplican, no puedes emplearlas.

48. Dales, pues, órdenes con cortesía e infúndeles constante fervor guerrero y se podrá decir que la victoria es segura.

49. Si para instruir a las tropas se les imparten órdenes coherentes y eficaces, obedecerán, serán disciplinadas. Si las órdenes que se les dan en la instrucción no son coherentes y eficaces, desobedecerán.

50. Cuando las órdenes son fidedignas y acatadas, la relación del comandante con sus tropas es satisfactoria.

# CAPÍTULO X: TERRENO, TOPOGRAFÍA O LA CONFIGURACIÓN DEL SUELO

## Sun Tzu dijo:

1. El terreno puede ser clasificado, según su naturaleza, en accesible, con trampas, indeciso, estrecho, escarpado y distante.

2. El terreno que tanto el enemigo como nosotros podemos transitar con la misma facilidad, se llama accesible. En un terreno de ese tipo, el que primero toma posiciones elevadas y soleadas, cómodas para las rutas de abastecimiento, puede luchar con ventaja.

3. El terreno del que es fácil salir pero difícil volver es el que tiene trampas. La naturaleza de este tipo de terreno es tal que si el enemigo no está preparado y tú irrumpes, lo derrotas. Pero si el enemigo está preparado, sales y presentas batalla, pero no ganas, es difícil volver. Esto es infructuoso.

4. El terreno en el que entrar es igualmente difícil, es indeciso tanto para el enemigo como para nosotros. Su naturaleza es tal que si el enemigo me ofrece un cebo, yo no avanzo sino que simulo retirarme. Cuando haya arrastrado fuera la mitad de sus fuerzas, lo puedo atacar con ventaja.

Chang Yü dijo: "El arte de la guerra de Li Ch'ing dice: ´En un terreno que no ofrece ventaja a ninguna de las dos partes, debemos atraer al enemigo fingiendo una retirada; esperamos a que la mitad de sus tropas haya salido y lo atacamos interceptándole´".

5. Si yo ocupo primero un terreno estrecho, debo bloquear los pasos y esperar al enemigo. Si el enemigo ocupa primero un terreno así y bloquea los desfiladeros, no debo seguirlo; si no los bloquea del todo, puedo hacerlo.

6. En un terreno escarpado, debo tomar posición en los altozanos soleados y esperar al enemigo. Si él ocupa primero ese terreno, lo atraigo retirándome; no lo sigo.

Chang Yü dijo: "Si uno debe tratar de ser el primero en ocupar posiciones en terreno llano, ¡cuánto más en lugares difíciles y peligrosos! ¿Cómo se puede entregar ese terreno al enemigo?".

7. Cuando se está lejos de un enemigo de igual fuerza, es difícil provocar la batalla e infructuoso atacarlo en la posición por él elegida.

8. Ésos son los principios relacionados con los seis tipos diferentes de terreno. La mayor responsabilidad del general es estudiarlos con el máximo cuidado.

Mei Yao-ch'en dijo: "La naturaleza del terreno es el principal factor que contribuye a que un ejército logre la victoria."

9. Ahora bien, si las tropas huyen, se han insubordinado, están en aprietos, han caído en el desorden o son derrotadas, la culpa es del general. Ninguno de esos desastres puede ser atribuido a causas naturales.

10. Si, siendo iguales las demás condiciones, una fuerza ataca a otra de un volumen diez veces superior, el resultado es la huida.

Tu Mu dijo: "Si se utiliza a uno para atacar a diez, debemos comparar primero la sensatez y la estrategia de los generales contrarios, el coraje y la cobardía de las tropas, la cuestión de las condiciones meteorológicas, las ventajas que ofrezca el terreno, si las tropas están bien alimentadas o hambrientas, fatigadas o descansadas".

11. Cuando la tropa es fuerte y la oficialidad débil, el ejército es insubordinado.

Tu Mu dijo: "Este verso habla de soldados y sargentos5 levantiscos e imperiosos, y de generales y comandantes tímidos y débiles. Durante la presente dinastía, a comienzos del reinado de Ch'ang Ch'ing, T'ien Pu recibió orden de tomar el mando en Wei para atacar a Wang T'ing-ch'ou. Pu había crecido en Wei, la gente lo despreciaba, y varios miles de hombres rodaban en asnos por el campamento. Pu era incapaz de dominarlos. Permaneció en esa posición durante algunos meses y cuando quiso librar combate, la tropa y la oficialidad se dispersaron y desperdigaron en todas direcciones. Pu se abrió la garganta".

12. Cuando los oficiales son valientes y la tropa ineficaz, el ejército se ve en aprietos.

13. Cuando los oficiales subalternos son violentos e insubordinados y en los encuentros con el enemigo se precipitan al combate sin tener en cuenta la posibilidad de pelear y sin aguardar las órdenes de los comandantes, el ejército sufre un colapso.

14. Cuando el general es moralmente débil y su disciplina no es estricta, cuando sus instrucciones y orientación no son esclarecedoras, cuando no hay normas coherentes para guiar a los oficiales y las tropas y cuando las formaciones son desaliñadas, en el ejército reina el desorden.

Chang Yü dijo: "Llevado por sí mismo al caos".

15. Cuando un comandante incapaz de evaluar al enemigo, utiliza fuerzas reducidas para enfrentar a otras importantes, tropas débiles para atacar a otras fuertes, o cuando deja de seleccionar tropas de choque para la vanguardia, el resultado es la derrota.

Ts'ao Ts'ao dijo: "En esas condiciones, comanda tropas «de huida segura»".

Ho Yen-hsi dijo: "En la época de Han, los "Gallardos de los Tres Ríos" eran "Hermanos de Espada" de desusado talento. En Wu las tropas de choque eran conocidas como "Las que Resuelven Dificultades"; en Ch'i, "Los que Deciden el Destino"; en la época de T'ang, "Los Brincadores y Agitadores". Éstos eran diversos nombres aplicados a las tropas de choque; nada más importante en la táctica de ganar batallas que emplearlos.

Generalmente cuando todas las tropas acampan juntas, el general selecciona de cada campamento los oficiales más bizarros, que se distinguen por su agilidad y su fuerza y cuyos logros militares son superiores a los comunes. Con ellos se forma un cuerpo especial. De diez hombres, sólo uno es elegido; mil de diez mil.

Chang Yü dijo: "Generalmente, en la batalla es esencial emplear tropas de élite para la punta aguda de la vanguardia. Primero, porque eso fortalece nuestra decisión; segundo, porque embotan el filo del enemigo.

16. Cuando prevalece cualquiera de esas seis condiciones, el ejército va en camino de la derrota. La misión más alta del general es examinarlas cuidadosamente.

17. La configuración del terreno es de la más grande ayuda en la batalla. Por eso, la capacidad de evaluar la situación del enemigo y

calcular las distancias, así como el grado de dificultad del terreno para controlar la victoria, son virtudes del general superior. El que lucha con pleno conocimiento de esos factores está seguro de ganar; el que no lo hace será seguramente derrotado.

18. Si la situación es propicia a la victoria pero el soberano ha dado orden de no luchar, el general puede decidirlo. Si la situación es tal que no puede ganar pero el soberano no ha dado orden de luchar, no tiene por qué hacerlo.

19. Y por eso el general que al avanzar no busca su fama personal, y que cuando se retira no se preocupa de evitar el castigo, sino que su único objetivo es proteger al pueblo y favorecer los intereses de su soberano, es la joya preciosa del Estado.

Li Ch'üan dijo: "Un general como ése no tiene intereses personales". Tu Mu dijo: "Pocos de éstos hay".

20. Porque ese general mira a sus hombres como a niños, éstos marcharán con él hasta los valles más profundos. Los trata como a sus propios hijos bienamados y morirán con él.

Li Ch'üan dijo: "Si quiere a sus hombres de esta manera, contará con el máximo de sus fuerzas. Así, el vizconde de Ch'u no necesitaba más que decir una palabra y los soldados se sentían como envueltos en tibias ropas de seda".

Tu Mu dijo: "Durante la época de los Estados Beligerantes, cuando Wu Ch'i era general, comía los mismos alimentos y usaba la misma ropa que los más humildes de la tropa. Su lecho no tenía estera; durante la marcha, no montaba a caballo; él mismo acarreaba sus raciones de reserva. Compartía las fatigas y las rudas faenas con sus tropas.

Chang Yü dijo: "Por eso el Código Militar dice: 'El general debe ser el primero en las faenas y fatigas del ejército. En el ardor del verano, no debe abrir su sombrilla, ni en el frío del invierno ponerse ropas abrigadas. En los lugares peligrosos, debe apearse y caminar. Espera a que se hayan cavado los pozos para el ejército y sólo entonces bebe; espera a que la comida del ejército haya sido preparada y sólo entonces come; espera a que las fortificaciones estén terminadas y sólo entonces se protege'".

21. Si un general es indulgente con sus tropas, pero no las sabe emplear; si las ama, pero no puede hacerles obedecer sus órdenes; si

sus tropas son indisciplinadas y es incapaz de controlarlas, sus hombres pueden compararse con niños malcriados y resultan inservibles.

Chang Yü dijo: "Si emplea tan sólo bondad, las tropas se convertirán en niños arrogantes y no podrán servir. Por esa razón Ts'ao Ts'ao se cortó el pelo y se castigó a sí mismo".

Los buenos comandantes son al mismo tiempo amados y temidos. Eso es todo.

22. Si sé que mis tropas son capaces de atacar al enemigo, pero no sé que es invulnerable al ataque, sólo la mitad de mis posibilidades son de victoria.

23. Si sé que el enemigo es vulnerable al ataque, pero ignoro si mis tropas son capaces de golpearlo, sólo la mitad de mis posibilidades son de victoria.

24. Si sé que el enemigo puede ser atacado y que mis tropas son capaces de hacerlo, pero no advierto que, dada la configuración del terreno, no debería atacarlo, sólo la mitad de mis posibilidades son de victoria.

25. Por eso cuando los que tienen experiencia en la guerra se desplazan, no cometen errores; cuando actúan, sus recursos son ilimitados.

26. Y por eso digo: "Conoce al enemigo, conócete a ti mismo; tu victoria no correrá nunca peligro. Conoce el terreno, conoce las condiciones meteorológicas; tu victoria será entonces total".

# XI: EL TERRENO DE LA BATALLA

## Sun Tzu dijo:

1. En lo que respecta al empleo de tropas, hay seis tipos de terrenos: engañoso, neutro, estrecho, escarpado y distante.

2. Cuando un señor feudal pelea en su propio territorio, está en suelo no "dispersivo. Ts'ao Ts'ao dijo: "Aquí, los oficiales y la tropa ansían regresar a sus hogares cercanos".

3. Cuando penetra superficialmente en territorio enemigo, está en suelo "fronterizo".

4. El suelo cuya ocupación es tan ventajosa para mí como para el enemigo, es un suelo «clave».3

5. El suelo que es tan accesible para mí como para el enemigo, es "comunicado".

Tu Mu dijo: "Es éste un suelo llano y vasto, en el que se puede ir y venir, con la suficiente extensión como para librar combate y erigir fortificaciones opuestas".

6. Cuando un Estado está cercado por otros tres Estados, su territorio es focal. El que primero logre controlarlo ganará el apoyo de Todo-bajo-el-Cielo.

7. Cuando el ejército ha penetrado profundamente en territorio hostil y dejado muy atrás muchas ciudades y pueblos enemigos, está en suelo "serio".

Ts'ao Ts'ao: "Éste es un terreno del cual es difícil regresar".

8. Cuando el ejército atraviesa montañas, bosques, lugares escarpados, o marcha a través de desfiladeros, marismas o ciénagas, o cualquier lugar donde es penoso andar, está en un suelo difícil.

9. El suelo cuyo acceso es estrecho, la salida tortuosa, y donde una pequeña fuerza enemiga puede atacar a las mías más importantes, se llama "cercado".

Tu Mu dijo: "Aquí es fácil tender emboscadas y la derrota puede ser total".

10. El suelo donde el ejército sólo puede sobrevivir si pelea con el coraje de la desesperación se llama "mortal".

Li Ch'üan dijo: "Bloqueado por montañas al frente y por ríos en la retaguardia, con las provisiones agotadas. En esta situación, es ventajoso actuar velozmente y peligroso demorarse".

11. Por eso, no pelees en un suelo dispersivo; no te detengas en las zonas fronterizas.

12. No ataques al enemigo que ocupa un suelo clave; en suelo comunicado, no permitas que tus formaciones queden separadas.7

13. En suelo focal, alíate con los Estados vecinos; en suelo profundo, saquea.

14. En suelo difícil, apresúrate; en suelo cercado, inventa estratagemas; en suelo mortal, pelea.

15. En suelo dispersivo, yo unificaría la determinación del ejército.

16. En suelo fronterizo, debo mantener un vínculo estrecho entre mis fuerzas.

Mei Yao-ch'en dijo: "Durante la marcha, las distintas unidades están conectadas; en los altos, se establecen enlaces entre los campamentos y los puestos fortificados".

17. En suelo clave, hago apresurar a los elementos de mi retaguardia.

Ch'en Hao dijo: "Lo que este verso significa es que si ... el enemigo, confiando en su superioridad numérica, viene a disputar ese terreno, yo uso una gran fuerza y la precipito contra su retaguardia".

Chang Yü dijo: "Alguien ha dicho que esta frase significa: "aprestarse después que el enemigo y llegar antes que él".

18. En suelo comunicado, prestaría estricta atención a mis defensas.

19. En suelo focal, fortalecería mis alianzas.

Chang Yü dijo: Recompenso a mis presuntos aliados con objetos valiosos y sedas, y los obligo con pactos solemnes. Los comprometo firmemente con tratados y entonces tengo la seguridad de que mis aliados me ayudarán.

20. En suelo "serio", me aseguraría una corriente continua de provisiones.

21. En suelo difícil, avanzaría por los caminos.

22. En suelo cercado, bloquearía los puntos de acceso y de salida.

Tu Mu dijo: "La teoría militar dice que una fuerza cercadora debe dejar una brecha para mostrar a las tropas rodeadas que hay una salida, de modo que no decidirán luchar hasta la muerte. Entonces, aprovechando esta circunstancia, golpea. Ahora bien: si yo estoy en terreno cercado y el enemigo abre un camino con intención de tentar a mis tropas a que lo utilicen, cierro esa vía de escape para que mis oficiales y hombres de tropa quieran luchar hasta la muerte".

23. En suelo mortal, puedo mostrar con evidencia que no hay posibilidad de sobrevivir. Porque es propio del soldado resistir cuando está rodeado, pelear hasta la muerte cuando no le queda otra alternativa, y cuando está desesperado, acatar las órdenes sin reserva.

24. Las variaciones tácticas apropiadas a los nueve tipos de suelo, las ventajas del despliegue cerrado o abierto y los principios de la naturaleza humana son cuestiones que el general debe examinar con el mayor cuidado.

25. Antiguamente, los que eran considerados hábiles en la guerra impedían que el enemigo uniera la vanguardia con la retaguardia; que sus elementos, grandes y pequeños, cooperaran; que las buenas tropas socorrieran a las pobres, y que las superiores y subordinadas se apoyaran entre sí.

26. Cuando las fuerzas del enemigo se dispersaban, les impedían reunirse; cuando se concentraban, las sumían en la confusión.

Meng dijo: "Despliega muchas operaciones de engaño. Que te vean en el oeste y sales hacia el este; atráelo hacia el norte y atácalo por el sur. Enloquécelo y atúrdelo de modo que disperse sus tropas en confusión".

Chang Yü dijo: "Tómalo desprevenido con ataques por sorpresa cuando no esté preparado. Golpéalo súbitamente con tropas de choque".

27. Se concentraban y desplazaban cuando era ventajoso hacerlo;15 cuando no era ventajoso, hacían alto.

28. Cabría preguntar: "¿Cómo puedo hacer frente a una hueste enemiga bien ordenada que está por atacarme?". Contesto: "Apodérate de algo que él aprecie y obedecerá a tus deseos".

29. La rapidez es la esencia de la guerra. Saca ventaja de la falta de preparación del enemigo; viaja por rutas insospechadas y golpéalo mientras no haya tomado precauciones.

Tu Mu dijo: "Esto resume la naturaleza esencial de la guerra […] y lo fundamental del comando".

Chang Yü dijo: "Aquí Sun Tzu explica nuevamente [...] que lo más apreciado es la divina rapidez".

30. Los principios generales aplicables a un ejército invasor son que cuando hayas penetrado profundamente en territorio hostil, tu ejército esté unido, y el defensor no podrá vencerte.

31. Saquea los países fértiles, a fin de abastecer abundantemente a tu ejército.

32. Pon cuidado en alimentar a tus tropas; no las fatigues innecesariamente. Únelas en espíritu; conserva sus fuerzas. Traza planes impenetrables de los movimientos del ejército.

33. Lanza a tus tropas a una posición en la que no haya escapatoria, y en la que cuando se enfrenten con la muerte, no huyan. Porque si están preparadas para morir, ¿qué hazaña no serán capaces de ejecutar? Entonces, los oficiales y la tropa unirán sus máximos esfuerzos. En una situación desesperada, no temen nada; cuando no hay salida, aguantan a pie firme. Profundamente metidos en tierra hostil, se sienten unidos, y no habiendo otra alternativa, atacarán al enemigo en lucha cuerpo a cuerpo.

34. Así esas tropas no necesitan estímulo para estar vigilantes. Sin arrancarles su apoyo, el general lo obtiene; sin solicitar su afecto, lo consigue; sin pedir su confianza, la gana.

35. Mis oficiales no tienen exceso de riquezas, pero no porque desdeñen los bienes mundanos; no esperan una larga vida, pero no porque les disguste la longevidad.

Wang Hsi dijo: "Cuando los oficiales y la tropa se interesen solamente por las riquezas mundanales, amarán la vida a toda costa".

36. El día en que se ordene al ejército ponerse en marcha, las lágrimas de los que estén sentados empaparán sus solapas; las lágrimas de los que estén reclinados bajarán por sus mejillas.

Tu Mu dijo: Todos han hecho un pacto con la muerte. Antes del día de la batalla, se da la orden: "El asunto de hoy depende de este solo golpe. Los cuerpos de los que no arriesguen sus vidas fertilizarán los campos y se transformarán en carroña para aves y bestias".

37. Pero ponlos en una situación que no tenga escapatoria y desplegarán el inmortal coraje de Chuan Chu y Ts'aoKuei.

38. Las tropas de esos expertos en la guerra son usadas como la serpiente "Respuesta Simultánea" del Monte Ch'ang. Cuando le golpean la cabeza, su cola ataca; cuando le golpean la cola, su cabeza ataca; cuando le golpean en el centro, atacan la cabeza y la cola.

39. Si alguien pregunta: "¿Pueden ser capaces las tropas de esa coordinación instantánea?". Yo contesto: "Pueden". Porque aunque los hombres de Wu y de Yüeh se odien mutuamente, si están juntos en un bote sacudido por el viento, colaborarán, como la mano derecha lo hace con la izquierda.

40. No es, pues, suficiente depositar la confianza en caballos maneados o en las ruedas de un carro enterrado.

41. El objeto de la administración militar es favorecer un nivel uniforme de valor. Y mediante el uso adecuado del suelo se lograrán los mayores beneficios de las fuerzas de choque y de las ligeras.

Chang Yü dijo: "Si se logra la ventaja del suelo, entonces aun las tropas débiles y blandas pueden conquistar al enemigo. ¡Cuánto más si son duras y fuertes! Para que ambas puedan ser utilizadas eficazmente, su disposición ha de acordarse con las características del suelo".

42. Es obligación del comandante ser sereno e inescrutable, imparcial y con dominio de sí mismo.

Wang Hsi dijo: Si es sereno, no se irrita; si inescrutable, es impenetrable; si recto, no es injusto; si tiene dominio de sí mismo, no se confunde.

43. Debe ser capaz de mantener a sus oficiales y tropas en la ignorancia de sus planes.

Ts'ao Ts'ao dijo: "Sus tropas pueden unirse a él en el regocijo del logro, pero no pueden estarlo en la preparación de los planes".

44. Prohíbe las prácticas supersticiosas y libera así al ejército de dudas. Entonces, hasta el momento de la muerte, no puede haber problemas.

Ts'ao Ts'ao dijo: "Prohíbe hablar de presagios y portentos sobrenaturales. Libra los planes de dudas e inseguridades".

Chang Yü dijo: El Ssu-ma Fa dice: ʼExtermina las supersticionesʼ".

45. Cambia sus métodos y altera sus planes para que la gente no sepa qué está haciendo.

Chang Yü dijo: "Los cursos de acción anteriormente seguidos y los viejos planes ya ejecutados deben modificarse".

46. Modifica los sitios donde acampan las tropas, marcha por caminos desviados, y así impide que los demás se anticipen a sus propósitos.

47. Reunir al ejército y arrastrarlo a una situación desesperada es la tarea del general.

48. Introduce profundamente al ejército en territorio enemigo y allí suelta el disparador.

49. Quema sus naves y hace añicos sus marmitas; empuja al ejército como si condujera un rebaño de ovejas, ya en una dirección, ya en otra, y nadie sabe a dónde va.

50. Fija una fecha de reunión y cuando las tropas se han encontrado, les corta el camino de vuelta, exactamente como si les retirara la escalera por la que han salido.

51. El que ignora los planes de los Estados vecinos no puede preparar alianzas en el momento oportuno; si ignora las condiciones de las montañas, los bosques, los desfiladeros peligrosos, las ciénagas y marismas, no puede dirigir la marcha de un ejército; si no sabe recurrir a los guías nativos, no puede aprovechar las ventajas del suelo. Un general que ignore esas tres cuestiones es inepto para comandar los ejércitos de un ReyHegemónico.

Ts'ao Ts'ao dijo: "Esas tres cuestiones ya han sido tratadas. Sun Tzu vuelve al tema porque desaprueba decididamente a quienes son incapaces de emplear las tropas como corresponde".

52. Ahora bien: cuando un Rey Hegemónico ataca a un Estado poderoso, hace que el enemigo no pueda concentrar sus fuerzas. Lo intimida e impide que sus aliados se reúnan con él.

Mei Yao-ch'en dijo: "Al atacar a un gran Estado, si puedes dividir las fuerzas de tu enemigo, tu poder será más que suficiente".

53. De esto se sigue que no lucha contra poderosas alianzas, ni fomenta la potencia de otros Estados. Confía, para el logro de sus objetivos, en su capacidad de intimidar a sus antagonistas. Y de ese

modo puede tomar las ciudades enemigas y derrocar el Estado enemigo.

Tiao Ts'ao dijo: "Por ´Rey Hegemónico´ se entiende el que no se alía con los señores feudales. Rompe las alianzas de Todo-bajo-el-Cielo y arrebata la posición de autoridad. Usa el prestigio y la virtud para conseguir sus fines.

Tu Mu dijo: "El verso dice que si alguien no acuerda convenios de ayuda con sus vecinos, ni desarrolla planes basados en la eficacia, sino que para procurar sus propios fines, confía sólo en sus propias fuerzas militares para intimidar al enemigo, entonces sus ciudades serán capturadas y derrocado su propio Estado".

54. Otorga recompensas prescindiendo de las prácticas habituales; dicta órdenes prescindiendo de lo anterior. Así podrás utilizar todo el ejército como si fuera un solo hombre.

Chang Yü dijo: "Si el código referente a premios y castigos es claro y se aplica con celeridad, podrás manejar a muchos como lo harías con pocos".

55. Ocupa a tus hombres en sus tareas sin hacerles conocer tus designios; úsalos para lograr ventajas sin revelarles los peligros implícitos. Ponlos en una situación peligrosa y sobrevivirán; llévalos al terreno mortal y vivirán. Porque cuando un ejército se encuentra en esa situación, puede arrancar la victoria de la derrota.

56. Ahora bien: lo esencial de las operaciones militares reside en aparentar acomodarse a los designios del enemigo.

57. Concentra tus fuerzas contra el enemigo, y desde una distancia de mil li podrás matar a su general. Esto se describe como la aptitud de alcanzar el propio objetivo de una manera diestra e ingeniosa.

58. El día en que se aplique la política de atacar, cierra los pasos, rescinde los pasaportes, interrumpe el intercambio con los enviados del enemigo y exhorta al Consejo del Templo a ejecutar los planes.38

59. Cuando el enemigo ofrezca una oportunidad, aprovéchala rápidamente.39 Anticípate a tomarle algo que él aprecia y desplázate con arreglo a una fecha fijada en secreto.

60. La doctrina de la guerra es seguir lo que hace el enemigo para decidir en la batalla.

61. Por eso al principio sé tímido como una doncella. Cuando el enemigo te dé una oportunidad, sé veloz como la liebre y será incapaz de resistirte.

# CAPÍTULO XII: ATAQUE CON FUEGO

**Sun Tzu dijo:**

1. Hay cinco métodos de ataque con fuego. El primero es quemar al personal; el segundo, quemar los depósitos; el tercero, quemar el equipo; el cuarto, quemar los arsenales y el quinto, usar armas arrojadizas incendiarias.

2. Para usar fuego se ha de confiar en distintos medios.

Ts'ao Ts'ao dijo: "Utiliza a los traidores del enemigo.

Chang Yü: Todos los ataques con fuego dependen de las condiciones meteorológicas.

3. El equipo para poner fuego debe estar siempre a mano.

Chang Yü dijo: "Los implementos y combustibles deben estar preparados de antemano".

4. Hay momentos oportunos y días adecuados para poner fuego.

5. "Momentos" quiere decir cuando hace mucho calor; "días" quiere decir cuando la luna está en las constelaciones de Sagitario, Alfaraz, I, o Chen, porque en esos días se levanta viento.

6. Ahora bien, en los ataques con fuego es preciso adaptarse a la situación cambiante.

7. Cuando estalla el incendio en el campamento enemigo, coordina inmediatamente tu acción desde afuera. Pero si sus tropas permanecen en calma, mantente a la espera y no ataques.

8. Cuando el incendio alcanza su culminación, refuérzalo si puedes. Si no puedes, aguarda.

9. Si puedes provocar incendios fuera del campo enemigo, no es necesario esperar que empiecen dentro. Provoca incendios en el momento oportuno.

10. Cuando se prende un incendio en el lugar desde donde sopla el viento, no ataques desde el lugar hacia donde sopla.

11. Cuando el viento sopla durante el día, cesará por la noche.

12. Ahora bien, el ejército debe conocer las cinco diferentes situaciones de ataque con fuego y mantenerse en permanente vigilancia.

13. Aquellos que emplean fuego para ayudar sus ataques son inteligentes; aquellos que emplean las inundaciones son poderosos.

14. El agua puede aislar al enemigo, pero no destruye sus suministros o equipo.7

15. Ahora bien, ganar batallas y conseguir los objetivos propuestos, pero no explotar esos logros es nefasto y puede describirse como "dilación ruinosa".

16. Y por eso se ha dicho que los gobernantes ilustrados deliberan acerca de sus planes y los buenos generales los ejecutan.

17. Si no es en interés del Estado, no actúes. Si no puedes triunfar, no emplees tropas. Si no estás en peligro, no pelees.

18. Un soberano no puede convocar un ejército porque está enfurecido, ni un general pelear porque se siente agraviado. Porque mientras un hombre colérico puede recobrar su felicidad, y un hombre agraviado puede llegar a sentirse satisfecho, un Estado destruido no puede restaurarse, ni pueden los muertos ser devueltos a la vida.

19. Por eso el gobernante esclarecido es prudente y el buen general está prevenido contra la acción precipitada. De ese modo, el Estado se mantiene en seguridad y se preserva el ejército.

# CAPÍTULO XIII: EL USO DE ESPÍAS

## Sun Tzu dijo:

1. Ahora bien, cuando se recluta un ejército de cien mil hombres y se lo envía a una campaña distante, los gastos del pueblo, al mismo tiempo que los desembolsos del Tesoro, sumarán mil monedas de oro diarias. Habrá un estado de permanente conmoción, dentro y fuera del país; el pueblo se agotará en las exigencias del transporte y los intereses de setecientas mil familias sufrirán quebrantos.

Ts'ao Ts'ao dijo: "Antiguamente, ocho familias formaban una comunidad. Cuando una familia enviaba a un hombre al ejército, las restantes siete contribuían a mantenerla. Así, cuando se reclutaba un ejército de cien mil hombres, los que no podían atender plenamente a sus tareas de labranza y siembra sumaban setecientas mil familias".

2. El que se enfrenta con su enemigo durante varios años para luchar por la victoria en una batalla decisiva, pero que, en su codicia de jerarquías, honores y unos cientos de monedas de oro, permanece ignorante de la situación del enemigo, está totalmente desprovisto de humanidad. Ese hombre no es un general; no es el apoyo de su soberano; no es el artífice de la victoria.

3. Ahora bien, la razón por la cual el príncipe ilustrado y el general sensato conquistan al enemigo dondequiera que vayan y sobrepasan con sus hazañas las de los hombres comunes, es la presciencia.

Ho Yen-hsi dijo: "En la sección de los 'Ritos de Chou' titulada 'Funcionarios Militares' se nombra al 'Director del Espionaje Nacional'. Este funcionario dirigía probablemente operaciones secretas en otros países.

4. La información previa no puede obtenerse de los espíritus, ni de los fantasmas, ni por analogía con sucesos pasados, ni por cálculos. Debe conseguirse por medio de hombres que conozcan la situación del enemigo.

5. Ahora bien, hay cinco clases de agentes secretos que han de emplearse. Son los nativos, los internos, los dobles, los perecederos y los vivientes.

6. Cuando esos cinco tipos de agentes trabajan simultáneamente y nadie conoce sus formas de operar, se les llama "La Divina Madeja" y son el tesoro del soberano.

7. Agentes nativos son gentes del país enemigo que empleamos.

8. Agentes interiores son oficiales enemigos que empleamos.

Tu Mu dijo: "En la clase de los oficiales hay hombres meritorios que han sido privados de su grado; otros que por haber cometido errores son castigados. Hay sicofantes y paniaguados codiciosos de riqueza. Hay quienes, por error, permanecen mucho tiempo en oficios inferiores; quienes no han logrado posiciones expectables, y aquellos cuyo único deseo es aprovecharse de los tiempos revueltos, ampliar sus posibilidades. Están los que tienen dos caras, los inconstantes y solapados, y los que nunca saben para qué lado tomar. De todos ellos puedes averiguar en secreto la situación económica y obsequiarles literalmente con oro y sedas, para tenerlos atados. Entonces puedes confiar en ellos para averiguar cuál es la situación real en el campo enemigo e indagar los planes trazados contra ti. También pueden crear separaciones entre el soberano y sus ministros, para que no haya entre ellos un acuerdo armonioso".

9. Agentes dobles son los espías enemigos que empleamos.

Li Ch'üan dijo: "Cuando el enemigo me manda espías para fisgar en mis logros y mis fracasos, los soborno pródigamente, les hago cambiar de posición y los convierto en agentes míos".

10. Agentes perecederos son aquellos espías nuestros que dan deliberadamente información fraguada.

11. Tu Yu dijo: "Dejamos deslizar información falsa y permitimos que nuestros propios agentes se enteren. Cuando se encuentran operando en el campo enemigo y son atrapados, es seguro que transmitirán al enemigo esa información falsa. El enemigo la creerá y hará preparativos de acuerdo con ella. Pero, desde luego, nosotros actuaremos en desacuerdo y el enemigo ajusticiará a los espías".

Chang Yü dijo: "En nuestra dinastía, el jefe del Estado Mayor, Ts'ao, perdonó la vida a un hombre condenado a muerte, a quien luego disfrazó de monje, le hizo tragar una bola de cera y lo envió a Tangut. Cuando el falso monje llegó, cayó prisionero. Contó a sus captores la historia de la bola de cera y de inmediato la arrojó. Los Tanguts abrieron la bola y leyeron una carta que el jefe del Estado

Mayor, Ts'ao, enviaba al Director de Planeamiento Estratégico. El jefe de los bárbaros se encolerizó; dio muerte a su ministro y ejecutó al monje espía. Esta es la idea. Pero el uso de los agentes perecederos no es sólo uno. A veces, envío agentes al campo enemigo para pactar la paz y entonces ataco".

11. Agentes vivientes son los que regresan con informaciones.

Tu Yu dijo: "Elegimos a hombres inteligentes, talentosos, sensatos y capaces de llegar hasta aquellos del bando enemigo que gozan de la intimidad del soberano y de los miembros de la nobleza. Así, pueden observar los movimientos del enemigo y conocer lo que hacen y planean. Por eso se les llama agentes ´vivientes´".

Tu Mu dijo: Son personas que pueden ir y venir trayendo informes. Para esa tarea debemos reclutar a hombres inteligentes, pero que parezcan estúpidos; que aparenten ser flojos, pero tengan fortaleza; hombres ágiles, vigorosos, intrépidos y valientes; versados en las miserias y capaces de soportar el hambre, el frío, la suciedad y la humillación.

12. De todos los que están en el ejército cerca del comandante, ninguno llega más a su intimidad que el agente secreto; de todas las recompensas, ninguna más liberal que la del agente secreto; de todos los asuntos, ninguno más confidencial que los vinculados con las operaciones secretas.

Mei Yao-ch'en dijo: "Los agentes secretos reciben sus instrucciones dentro de la tienda del general, son sus íntimos y están cerca de él".

Tu Mu dijo: "Estos son asuntos ´estrictamente confidenciales´".

13. El que no es prudente y sensato, humano y justo, no puede usar agentes secretos. Y el que no es delicado ni sutil es incapaz de obtener la verdad a través de ellos.

Tu Mu dijo: "Lo primero que debe hacerse es estudiar el carácter del espía para establecer si es sincero, veraz y realmente inteligente. Después se lo puede utilizar. Entre los agentes, hay quienes sólo están interesados en obtener riquezas sin averiguar la verdadera situación del enemigo y responden a mis requerimientos con palabras huecas. En ese caso, debo ser profundo y sutil. Entonces podré saber la verdad o la falsedad de las declaraciones del espía y distinguir lo esencial de lo que no lo es".

Mei Yao-ch'en dijo: "Sé precavido con el espía que se haya dado vuelta".

14. ¡Delicado, por cierto! ¡Verdaderamente delicado! No hay lugar donde no se utilice el espionaje.

15. Si los planes relativos a operaciones secretas son divulgados prematuramente, los agentes y aquellos con quienes éste haya hablado, deben ser ajusticiados.

Ch'en Hao: "Pueden ser muertos para cerrar sus bocas e impedir que el enemigo se entere".

16. Por lo general, en caso de que desees batir a un ejército, atacar una ciudad y asesinar a alguien, debes conocer primero los nombres del comandante de la guarnición, de los miembros del Estado Mayor, de los ujieres, de los guardianes de las puertas y los guardias de corps. Debes instruir a tus agentes para que averigüen esos detalles minuciosamente.

Tu Mu dijo: "Si deseas conducir una guerra ofensiva, debes conocer a los hombres empleados por el enemigo. ¿Son sensatos o estúpidos, hábiles o torpes? Una vez conocidas sus cualidades, prepara las medidas adecuadas. Cuando el rey de Han envió a Han Hsin, Ts'ao Ts'an y Kuan Ying a atacar a Wei Pao, les preguntó: '¿Quién es el comandante en jefe de Wei?'. La respuesta fue: 'Po Chih'. El rey dijo: 'Su boca huele todavía a leche de madre. No puede compararse con Han Hsin. ¿Quién es el comandante de la caballería?'. La respuesta fue: 'Feng Ching'. El rey dijo: 'Es el hijo del general Feng Wu-che, de Ch'in. Aunque meritorio, no puede compararse con Kuan Ying. ¿Y quién es el comandante de la infantería?'. La respuesta fue: 'Hsiang T'o'. El rey dijo: 'No es adversario para Ts'ao Ts'an. Nada tengo que temer'.

17. Es esencial buscar a agentes del enemigo que hayan venido a espiar contra ti y sobornarlos para que te sirvan. Dales instrucciones e interésate por ellos. Así se reclutan y utilizan los agentes dobles.

18. Por medio de los agentes dobles, se pueden reclutar agentes nativos e internos.

Chang Yü dijo: "Esto se debe a que los agentes dobles conocen tanto a sus conciudadanos codiciosos, como a los oficiales que han sido negligentes en sus tareas. Podemos tentar a éstos para que se pongan a nuestro servicio".

19. Y por el mismo medio, podemos enviar al agente perecedero, provisto de falsa información, para que la proporcione al enemigo.

Chang Yü: Gracias a que los agentes dobles saben en qué se puede engañar al enemigo, se puede enviar a los agentes perecederos para que proporcionen información falsa.

20. Por el mismo medio se pueden utilizar los agentes vivientes en el momento oportuno.

21. El soberano debe tener un gran conocimiento de las actividades de esas cinco clases de agentes. Este conocimiento debe proceder de los agentes dobles y por eso es forzoso tratarlos con el máximo de liberalidad.

22. Antiguamente el encumbramiento de los Yin se debió a I Chih, que primero sirvió a Hsia; los Chou accedieron al poder gracias a Lu Yu, un servidor de los Yin.

Chang Yü dijo: "I Chi era un ministro de Hsia que se pasó a los Yin. Lu Wang era un ministro de Yin que se pasó a los Chou".

23. Y por eso, sólo los soberanos esclarecidos y los generales meritorios, capaces de usar a las personas más inteligentes como agentes, pueden tener la seguridad de lograr grandes cosas. Las operaciones secretas son esenciales en la guerra; el ejército confía en ellas para efectuar cualquier movimiento.

Chia Lin dijo: "Un ejército sin agentes secretos es exactamente como un hombre sin ojos ni oídos".

# CONTENIDO

www.ingramcontent.com/pod-product-compliance
Lightning Source LLC
Chambersburg PA
CBHW031249120626
46545CB00007B/2718